体育教师专业发展丛书

看课的门道

KAN KE DE MENDAO

于素梅 著

教育科学出版社
·北京·

序

当提笔准备给于素梅博士的《看课的门道》一书作序时，还是感到有些诧异和困惑：

第一，对作者的称呼就困惑。称于素梅为同学或学生吧，肯定不行，既不符合她现在的工作身份，也不符合语法，更不符合国情；称她为老师吧，又显得很生分，显得我有点假谦虚了；称她教授或研究员吧，好像也有一些不合适的地方；幸亏老外给留下个以学位相称的习惯，算是解决了一个难题。

第二，我虽平生为人写序无数，但这次还是第一次给自己的学生的作品写序。用什么口吻写又感困惑，像平时指导她写论文搞研究那个口吻写肯定不行，那“序”就变成“导师意见”了，用给比较生疏的学者朋友写序那样客客气气的、充满赞扬的口气也不行，那就有借着夸学生夸自己的嫌疑了，于是就定在“体会与鼓励”的基调和口吻上吧。

第三，说到看课，自叹与于素梅博士的积累相差很远，虽然我也在全国看了不少的体育课，但知道她在撰写《体育学法论》著作之前，看了很多的体育课，关键是她在看课时要记笔记，要照相，回来要整理，要分类，要分析，这样的看课很具有研究性，看得也很深入，在这样的“认真看”中，她磨炼了一双看体育教学特色和问题的“火眼金睛”。因此，今天为她的看课体会作序也是颇有些难度的。

好了，回到写序，回到《看课的门道》。

“看课”是一个教学交流与评价的日常现象，但中国的看课与国外的看课相比被赋予了更多的意义。中国的看课既是区域交流，又是培训方式，也是奖励仪式，还是技能大赛，但国外看课行使最多的集体备课和学理研究的功能似乎不太多。看课的“眼光”和“门道”无疑是要根据看课的目的来决定，真的希望中国的学者们多从“学理”和“研究”、“备课”的角度去琢磨琢磨看课的“门道”，我想，这也是于素梅博士《看课的门道》想要告诉大家的吧。

“看课”也是一个需要认真做的工作。但不可否认的是，当前的看课活动办得很热闹，去看热闹的体育教师也多，不少教师看完课，在背起行囊准备返程时，就一句话的总结“这些课上得都不怎么样”，不谦虚的人还加上一句“比我上得差远了”。每次大型体育课教学观摩活动后，我最困惑的就是在《体育教学》等杂志上很少看到一些认真的分析文章，看不到对学理、教程、教法、学法、课程、规律的深入分析，体育老师们是不屑于分析呢？还是不敢分析呢？还是没能力去分析呢？我不得而知。在中国看体育课，好像“看”是永恒的主题，而论说其中的“门道”，却似乎被永恒地忽略着，我想，这可能也是于素梅博士《看课的门道》想要提醒我们大家的一件事情吧。

于素梅博士的书取名《看课的门道》，而没有取名《看课的“热闹”》，是想告诉我们：“看课”是一个科学的活儿，技术的活儿，特别是对一线的教研员和体育骨干教师来说，更是一个不可或缺的重要技能了。但只有体育教育的内行才能看出的“门道”，却一直不被体育的专家学者所重视，也不被最需要这个技能的教研员和骨干体育教师所重视，因为，直至今日，也没见到一本像《看课的门道》这样的书。可见，很多人还真没有把看课当“门道”，就当热闹了。因此，于素梅博士的这本书也一定是在提醒我们，要重视体育教学交流与评价的技术的方法和方法论的开发。

看了于素梅博士的《看课的门道》后，我体会到，看课要真能看出门道，能时时看出门道，那也是需要有些基本条件的：

看课要看出门道，思想里一定有正确的体育课程教学观念，如果体育教育的观念歪了，那么坏课能看成好课，好课能看成坏课，这些年，我们在这方面的教训实在是太多太多了。

看课要看出门道，脑子里一定要有一个严肃的质量观念和质量标准，如果没有严肃的质量观念和标准，那么“放羊”的、低级趣味的、幼稚的东西都会被看成是好内容，而雕虫小技的“花活儿”能被看成是好方法和学习的榜样。

看课要看出门道，一定要有一个绝不放过现象背后本质的细心肠，如果没有细心，别人在体育教学中的那瞬息万变的“闪光”和“败笔”就会滑过和忽略掉，这也是微格教学的理论最想告诉我们的道理。

看课要看出门道，胸中还必须有一颗谦虚的心，如果一个人不能谦虚好学，那么他心中的“自我放大”就会把别人认真琢磨出来的好经验看得一文不值，这样的老师虽一时扬扬得意，却一生不再进步。

看课要看出门道，还必须有一双敏锐的眼睛和独特的视角，敏锐的眼睛和独特的视角都来自于独特的教学思想和创造性的意识，而这些思想和意识又来自于不断地学习和思考，如果没有这双眼睛和视角，那结果就是你看到的人家也看到了，人家没看到的你也没看到，或者就是人家看到了你也没有看到。

看课要看出门道，还必须在心中有一面对体育教师的职业的镜子。要知道好的体育教师应该是什么样子，优点经常表现在哪里，学生喜欢体育教师什么；体育教师的弱点经常表现在哪里，学生不喜欢体育教师的是什么，没有这面镜子，体育课中的教育门道也就基本看不见了。

……

看课要看出门道，还需要很多条件，比如必须有对教学环境的敏感、对教学安全的敏锐、对教师仪表的审视、对天气与运动的理解、对个体差异的关心、对学生心理的体验、对身体疲劳的体会、对学生群体的了解、对学生思维的把握、对学生情绪的把控，等等等等，很多很多，而这一切条件都来源于体育教师的认真思考，认真的思考来源于对工作的忠诚，工作的忠诚来自于对职业的热爱，对职业的热爱来自于一个人的责任心，责任心则来自于良心，而良心来自于一个人决心要做一个好人，做一个对社会有用之人的“三观”！

我想，这才是我们能看清体育课，能看懂体育课，能上好体育课，能上精体育课的最大的门道吧！我想，这一定也是于素梅博士《看课的门道》一书所想告诉我们的吧！

再次祝贺这本以小见大的书出版，希望此类的书会越来越多。

全国学校体育联盟（教学改革）主席

北京师范大学博士生导师、体育与运动学院院长

二〇一四年春节于学院派

前 言

体育教师全面提高教育教学水平，加强专业发展至关重要，其中掌握“备课”、“上课”、“说课”、“看课”、“评课”这“五课”的技能是基本要求。同时，这“五课”又是新课程改革以来，各地乃至全国体育教师基本功大赛、教师观摩展示活动、教师资格考试、教师招聘、教师教研等各级各类活动的重要内容和形式。然而，目前体育教师专业发展理论与实践相结合的专业论著尚不多见。经调查获悉，很多老师又十分迫切需要得到这些方面的理论与实践的指导。为此，笔者经过长期研究，设计并创作了有利于有效促进体育教师专业发展的系列论著，包括《备课的门道》《上课的门道》《说课的门道》《看课的门道》《评课的门道》五种。期望它们能够成为广大一线体育教师的良师益友，为老师们的成长与发展提供一些理论指导与方法借鉴，同时也希望能够为致力于体育教学及教师专业发展研究的研究者提供一定的参考。

“看课”，关键在于观察记录。无论是新任教师还是具有多年教学经历或积累有丰富教学实践经验的教师，“看课”是应掌握的基本技能之一。因为，通过看课不但能够直接学习他人的教学经验，还能从中发现在上课的时候难以发现或感觉不到的问题。因此，“看课”已逐渐成为体育教师专业发展和教育教学能力提升的助推器。然而，不同的人或许有着不同的看课方法，但什么样的方法最有效？看课时的观察和记录该如何把握？常言说得好：会看的看门道，不会看的看热闹。掌握了看课的门道，不但在看课过程中能够有更多的收获，而且，为评课或更好地上好课都将起到一定的促进作用。

“备课”，关键在于准确设计。体育教师对备课并不陌生，几乎每天都与备课打交道。但是，从当前所了解到的备课的现状，以及人们对备课与教学设计、教案的关系问题的认识来讲，存在一定的模糊现象。尤其是，如何将课备得更加准确上，还有很大的空间。基于此，本丛书也在“备课”如何准确设计、规范撰写上下了一些功夫。

“上课”，关键在于有效把握。就“上课”而言，有的能上但不会上，不会上的有的仅仅把事先写好的教案在课堂上演示一遍，课堂上新生成的东西不能灵活把握，还有的仅仅只顾教，而忽略了学生的学。尤其是新课改提倡培养学生的自主、合作、探究学习的能力，对教师提出了新的要求。基于此，教师在课堂上应充分运用科学的教学方法，指导学生掌握有效的学习方法，培养学生的学习能力。从这个角度看，为了提高体育教学的有效性，如何把握上课的门道至关重要。

“说课”，关键在于清晰表达。“说课”尽管不像备课、上课那样日常化，但是，说什么、怎么说等依然是体育教师应具备的专业发展技能之一。会说的，能够把握说课的节奏、内容和方法；不会说的，说了半天自己也没有弄明白课为什么这么上。由此可以看出，要想把课的设计说明白，需要一定的技巧，尤其是应重点说什么、说课内容呈现的顺序等都是需要掌握的。为了能够提高教师说课的水平，本丛书就说课的门道也做了重点的分析和研究。

“评课”，关键在于多元视角。就评课而言，大家都有一种习惯，即很多人是以评优点、提缺点和提出改进建议三个方面展开的。假如是一次集体的评课活动，采用这样的评课方式，往往会出现这样的尴尬情景：先评者滔滔不绝，后评者无话可说。因此，难以调动更多人评课的积极性。实际上，评课的方式有很多，可以从多个视角去评，如从归纳课的特点来评，按课的教学步骤一个部分一个部分地评；还可以从看课后得到的启发来评；等等。因此，掌握评课的门道对于拓展评课思路和方法同样十分必要。

本书重点讨论“看课的门道”，本书的基本思路是：从理论到实践，从普遍到特殊，从整体到局部，并采用大量的案例分析探讨看课的方法和技巧。

本书共分为三大部分，包括九个专题、三个完整课例和数十个课例片段。其中，第一部分“理论准备”分为“看课的主要目的”、“看课的价值取向”、“看课的切入方法”、“看课的几项原则”四个专题；第二部分“实践方略”

分为“从整体看体育课的方略”和“从局部看体育课的方略”两个专题；第三部分“课例分析”精选三个完整课例来分析论述，分别为“研究课：看教学设计——‘武术：健身拳’”、“常态课：看教法学法——‘肩肘倒立’”和“评优课：听教学语言——‘软式垒球：击定位球’”。

本书的内容从理论到实践，再到具体的课例分析，都较为贴近教学实践；所选案例既有全国大赛获奖的，又有常态课教学的，都是经过精挑细选的较为典型的案例。在此衷心感谢所有为本书提供案例的老师们，尤其要感谢北京第十四中学的李江泰老师，北京市西城区育民小学的何雪老师，河北省实验中学（石家庄二中南校区）的郄颖哲老师，北京市海淀区五一小学的郭蕊老师等。

笔者在本书的创作过程中，尽管已经尽心尽力，但由于水平所限，难免会有不够完善的地方。同时，就看课理论而言，仍有一定的补充完善空间。即便是实践方略，也主要是源于笔者近几年看课经验的总结和思考，课例的分析也仅仅是抛砖引玉，大家可以结合更多的课例进行整体或专题性看课，总结出更为丰富的理论和实践经验。愿与广大读者交流学习，共同为我国的体育教育事业发展多做贡献。

于素梅

二〇一四年一月一日于中国教育科学研究院

目 录

第一部分

体育教师看课——理论准备

第三部分　体育教师看课——课例分析

第一部分

体育教师看课——理论准备

如何有效看课？一线教师或许会提出这样的问题，因为看课是较常见的教研活动方式。通过看课，能够以一个旁观者的视角更清晰地了解课堂教学各环节的具体情况，诸如哪个环节让你眼前一亮、哪个教学设计让你感到遗憾等，都能够通过看课这一直观活动进行较为全面的了解。会不会看，决定了能不能看出内在的门道；会不会看，还直接影响你能否获取有益的经验。

那么，看课的目的是什么，有何价值，如何切入，遵循什么原则等，这一系列问题，都是看课者首先需要了解的重要理论问题。

第一章　看课的主要目的

体育学科的看课与其他学科（如语文、数学等）看课有着明显的不同，体育学科看课主要在于“看”的过程，而其他学科的看课重点在于“听”的过程。因此，如何看，看什么，为什么看，都需要事先有一个清楚的了解。尤其是看体育课的目的要十分明确，否则，就难以达到理想的看课效果。

体育课根据其目的和呈现形式不同，有日常状态下所上的常态课，还有为观摩学习而组织的观摩课，由于二者存在明显的区别，因此，看这两类课也会有不同的看课视角和收获。甚至看同一类课或同一节课时，不同的看课者都有可能收获不同。究其原因，是看课目的不尽相同以及看课的价值取向不同。由此看来，对于看课而言，不同类型的课堂会有不同的看课目的。下面分别从常态课和观摩课的角度来讨论看课的主要目的。

一、看常态课：重点观察学生的学习行为

对于一线教师而言，自己在平日的教学活动中，由于班级教学人数和教师精力的限制，在课堂上很难关注到所有学生各种活动参与的情况，尤其是学生的真实学习行为或学习细节。如学生是如何听讲的、如何观察的；教师在做技术动作示范的时候，有多少学生在认真观察，有多少学生溜了号（见图 1-1-1）；认真观察的学生，观察的方法是否正确；等等。因此，自然就会出现教师把教学的重点落到了“教”的环节，难以充分顾及学生“学”的环节。

图 1-1-1　上体育课溜号现象

然而，体育新课程改革明确告诉我们，不但要让学生“学会”，还要教学生“会学”，如果全然不知学生究竟是怎样学的，也就很难让学生“会学”。基于此，一线教师需要在教学之余，抽出一定的时间观摩同事的常态课，或者到兄弟学校观摩其他教师的常态课，在互相学习和改进提高的同时，观察不同内容常态教学中的学生学习行为。如果说直接观察学生的学习方法显得不够客观，部分认知策略是难以通过观看完全把握的，那么，我们可以通过观察学生在学习活动中的行为表现来判断或推测学生的学法是否合理有效，进而对学生的学法进行指导。正如陶行知先生所言：教师教的法子要根据学生学的法子。通过观察常态课上学生的学习行为，还能够了解教师在常态课上是否真正做到了心中有学生。

当然，除此之外，看常态课有的是为了了解教法，如讲解的方法、示范的方法、指导的方法，还有的是为了了解教学内容的适宜性等，无论带着怎样的目的来看课，只要观察的侧重点到位，就会较好地达到看课的目的。

二、看观摩课：重点领悟教师的设计思路

与常态课相比，观摩课是有专门准备的课堂教学形式。在上观摩课之前，教师往往会在课的每一个环节及内容的衔接性，方法的合理性、创新性等方面下一番功夫，精心对该课进行设计。于是，不同的观摩课会展现教师不同的设计风格，有些可能突出某一个侧面，如突出教学内容和方法的合理匹配；有的可能突出场地器材的巧妙利用（见图 1-1-2）；有的侧重于现代教学方法的融入；有的是考虑到评价环节巧妙自然的贯串；等等。无论观摩课效果如何，看课者总能通过看课判断：教师的教学设计是否合理？教学设计合理性达到了什么程度？为什么说是合理的？在设

图 1-1-2　体育课场地器材的巧妙利用

计方面最大的亮点是什么？通过观察了解他人的设计思路与方法，不但有利于看课者自身设计出好的观摩课，还能够提升常态课教学设计环节的合理性与规范性。

就看观摩课而言，无论是什么样的观摩课，一定程度上都或多或少地能够获得一些启发。比如，一节观摩课上得很平淡，没能让人眼前一亮，看课者会感受到“这样的课我也会上”。如果是这样的话，所带来的启发就是，观摩课不能如此平淡。自己的主观感觉告诉你或暗示你，观摩课应该有亮点，至少要有一个亮点，无亮点的话是不够精彩的观摩课，因为它未能凸显让人观摩学习的价值。

然而，假如一节观摩课不乏亮点，但有很大的表演成分，与常态课的教学条件相去甚远，也就是说，常态课中是不可能完成的。如果有这样的主观感觉，观摩课也就失去了应有的观摩价值。因此，这种主观感觉就会提示你，观摩课不应该有太多的表演成分，不能走入作秀的误区。

假如看到了一节异彩纷呈且又返璞归真的观摩课，既能较好地体现观摩价值，具有较强的专业引领性，又很贴近常态课的教学实际，具有普及性，这样的观摩课，是令人向往的。基于此，看观摩课时，通过分析，探寻它的设计思路和创新价值，能够给我们带来不同的启发，同时，还可以提高对观摩课的评判能力和教学组织能力。

为了进一步对看常态课与观摩课的目的进行总结，下面简单做一归纳。

看课的主要目的

体育课型分类多，　常态观摩分开说；
看课效果有不同，　把握目的方可行；
常态课上看学生，　学习行为不放松；
观摩课上看设计，　合理创新多学习；
把握问题没得说，　积累经验不错过。

第二章　看课的价值取向

或许有人会说，看常态课和观摩课的价值取向约等同于其看课目的。但并非完全如此，这是两个不同的话语体系，是两种不同的目标指向。看课的目的主要指向或解决“为什么要看”，而看课的价值取向指向看课的结果。看课的价值取向是否正确，决定了看课的方法是否合理和看课的效果是否明显。

一、看常态课：如何让常态课异彩纷呈

就当前的体育教学而言，常态课存在不同的层次，从时间、效果有无保证的角度，可以将常态课划分为三大类，即差的、一般的、好的常态课，如图 1-2-1 所示。如果想把一节常态课上出彩是很有可能的，但要想把堂堂常态课都能上出彩，对于很多处于超工作量状态下的体育教师而言，是很难实现的。但是，让常态课上出特色来仍可以作为一线教师追求的目标，只有高目标定位，常态课才有可能上得出彩；否则，“放羊”、“半放羊”的体育课将还会持续下去。

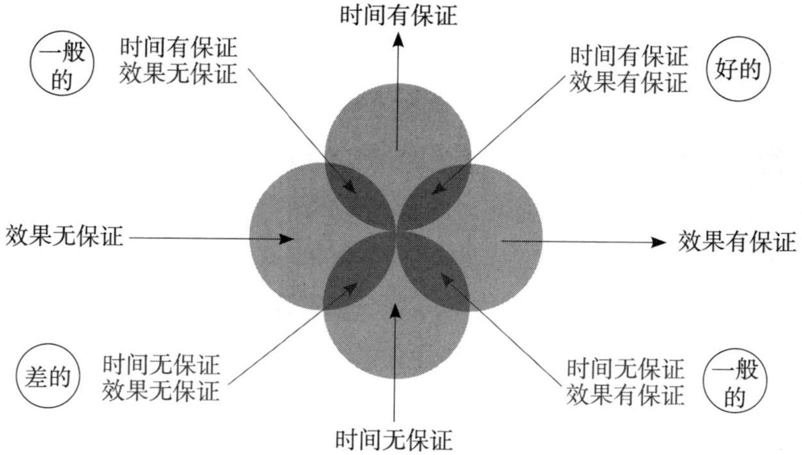

图 1-2-1　从时间与效果有无保证对常态课的分类

从图 1-2-1 可以看出，好的常态课，既有时间保证，又有效果保证；一般的常态课，要么时间有保证，效果无保证，要么效果有保证，时间无保证；差的常态课时间与效果都无保证。

看常态课时，如何准确判断常态课的质量呢？看课的方法可以选用认同式的看法、质疑式的看法、综合式的看法等，并经过不断地积累和分析判断，自然就会实现其价值取向。

总之，看常态课既能发现诸多问题，也能获得一定的经验。在常态课教学中，教师应尽可能地避免出现所看到过的问题，还要力求将别人的经验逐渐体现在自己的常态课上，常态课上出彩便有望实现。

二、看观摩课：如何让观摩课返璞归真

看观摩课的目的是看其设计思路和教学亮点，那么，这或许只能作为一个起点或原因，回答了“为什么看”的问题，但是，尚未解决“如何看”的问题。如果我们把看观摩课的价值取向定位在“为了能够促进观摩课的回归”上，那么，“如何看”、“看什么”等问题，便都会迎刃而解。

如果一节观摩课不具有回归特性，你就会考虑为什么？缺了什么？多了什么？哪些太过了？这是刨根问底式的方法，这种方法是基于可能回归的程度，分析根源所在；还有可能会采用假设法看观摩课，也就是说，你认为不具备回归可能的课或表演色彩较浓的课，可以运用提出假设或几种可能回归的方案，这是对观摩课例的调整性设计，这比自己凭空设想或琢磨“应如何让观摩课更能够回归常态”要具体得多、现实得多。

从分类上看，观摩课与常态课一样，也可以将其划分为差的、一般的和好的观摩课，如图 1-2-2 所示。

从图 1-2-2 可以看出，观摩课好与差的核心区别就在于——是否作秀。作秀成分越大越接近于差的观摩课；相反，就越接近于好的观摩课。

除此之外，还可以采取“预期法”，在看观摩课前，或在看观摩课的教案后，最好能够对要看的观摩课有一个推测，也就是说，先设想一下这节观摩

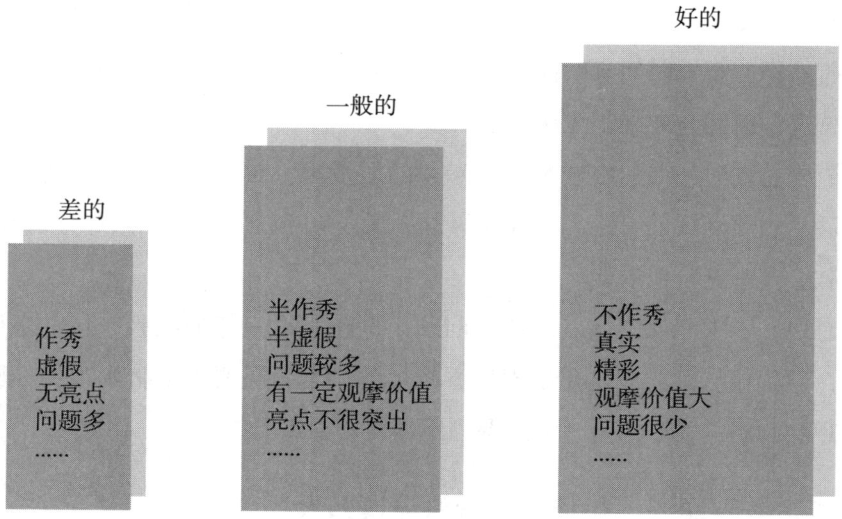

图 1-2-2　观摩课的分类方式

课能够回归还是不能够回归，还是不完全回归。有了这种预期，看课的收效就会比较显著，有了提前预期，自然就比一无所知、一无所想的看课效果更胜一筹。

因此，体育课除了要上，还要看，因为看课能让我们获得上课过程中不一样的感悟和启示，对上出好的体育常态课和观摩课具有重要的意义。

然而，有的人不断地看课，有的人从不看课，这或许是兴趣所致，或许是时间有别。但无论如何，课是需要看的，而且需要多角度地去看，不能多看可以少看；看后还需要分析，无论分析的视角如何确定，也无论分析的程度是深是浅，分析也是十分必要的。看课而不分析课，仅仅是走了形式；分析课而不看课，是空洞的不切实际的做法。

基于常态课和观摩课的不同，下面进一步对看课的价值取向进行归纳：

看课的价值取向

目的取向分开说， 看课技巧易把握；
常态观摩有不同， 价值取向有分层；
常态课堂多平淡， 异彩纷呈要实现；
观摩课堂作秀多， 返璞归真重点说。

第三章　看课的切入方法

体育课看什么，或许有多个视角。有些人看课只想了解准备部分安排的内容、时间、组织方法等是否合理；而有些人看课是想了解任课教师从开始到结束时所有的语言，说了什么，讲了什么，哪些语言可有可无，哪些语言可能会有负面影响。基于此，下面着重谈一谈看课的视角，尤其探讨根据看课的目的，如何从一个或多个视角切入看课。

一、看体育课如何确定视角

看体育课视角的选定，关键是要根据看课的目的，因为目的不同，视角也会有别。诸如，想了解学生在课堂上的不同表现，从参与学习的积极性上可以分为主动参与学习和被动参与学习两种情况；从了解学生学习方法的角度，可以分为一般性的接受性学法、探究性创新学法等。因此，在看课视角上，可以选择关注从课的开始部分到结束部分学生的所有表现。当然，可以观察个别学生，如具有较好或较差的课堂表现的学生；也可以观察全体学生，并及时捕捉学生的特殊表现（见图 1-3-1）。可以看一节课，分析一个班的学生的课堂表现情况；也可以看多节课，观察记录不同内容的课上学生学习的表现。无论从哪个视角看课，都需要首先明确目的，只有这样，才能在看课过程中有更多的收获。

图 1-3-1　学习中自觉帮助其他同学练习

相反，如果没有一个明确的视角，看课过程中会遗漏一些有价值的信息。如果看的是录制好的课例视频，可以采取多次回放的方法，每次选取一个视角来看。如果观看的是现场体育课，在看课的同时，可以将该课录制下来，课后再反复多视角地观看。当然，看现场课也同样可以按事先确定好的视角同步看，并做好现场记录。

二、看体育课的切入方法

（一）各个部分切入法

根据人的生理机能变化规律，可以把体育课的结构划分为三个部分，即准备部分、基本部分和结束部分。当然，也可以把课划分为开始部分、准备部分、基本部分、结束部分。无论“三段式”还是“四段式”，都可以从需要看的部分切入。

如果要分析准备部分，可以观察并记录准备部分安排了什么内容，有无课堂常规，课堂常规的执行如何；有无准备活动，教师在准备活动中的语言、组织等是否得当，学生在准备活动中的表现以及准备的充分性如何；准备活动中是否有安全隐患，准备活动有无亮点，有什么样的亮点；存在哪些问题，解决问题的策略有哪些；等等。

如果要分析基本部分，可以看基本部分的主教材是什么，辅助教材是什么，搭配是否合理，采用了哪些教法，学生的学法表现有哪些，哪些方法的运用是合理的，哪些方法不够合理，以及为什么；教师的讲解、示范是否存在问题，存在什么问题，教师在示范的时候，有没有对学生进行观察法的指导，是什么样的指导等；学生在基本部分的学习阶段其积极主动性如何，学习目标达成情况如何；基本部分是否存在安全隐患，哪些环节存在明显的安全隐患，如何做好学生的保护与帮助工作（见图1-3-2）；该部分教学过程中有无亮点，最突出的亮点是什么，带来了哪些启发；

图1-3-2　交替踩垫子安全防范

等等。

如果是对结束部分进行分析，可以看该部分是否安排有放松活动，放松活动是否有针对性；是否有小结，小结中如何对该课进行总结性评价；是否布置课外练习的作业，以及是否预告下节课的学习内容；等等。

按各部分切入看课，可以分析一节课，也可以通过看多节课，分析某部分的特点、存在的共性问题，以及上好课的某部分的关键和要点。

（二）练习活动切入法

一节体育课上会有多个练习活动，而且在准备部分、基本部分和结束部分都会有不同的练习活动，只是大部分练习活动都会集中在基本部分而已。看课时，要注意以下问题：准备活动中包含哪些练习活动，是否有徒手操，徒手操的编排是否合理；准备部分是否安排有专门性练习活动，这些活动是教师组织的还是学生自主性的练习。基本部分的练习活动有多少，是否具有循序渐进性，各种活动安排的时间、次数、间歇时间是否合理，各种活动的安排是否考虑到了学生的个体差异，各练习活动学生是否是主动参与，活动的组织是否有安全隐患；是否有游戏活动，游戏是否与基本部分的学习有关联，如果没有关联，安排该游戏活动的目的是什么。结束部分的各项活动是否合理，尤其是放松活动是否能够真正起到放松的作用，等等。

一节课除了练习活动，还会有其他的活动形式，如教师讲解示范活动，学生的讨论活动，师生的问答活动，以及下课前的收还器材活动（见图 1-3-3）等。

图 1-3-3　体育课下课后学生收还器材

当然，要分析课的练习活动的特点或规律，仅靠观看一节体育课，还难以分析出比较可靠的结论。看一节课所进行的分析是初步的，要探寻规律，还需要通过多节课观察记录才能有较为准确和全面的分析判断，从而更深入地了解如何配合主教材的学习安排辅助性练习活动。

（三）场地器材切入法

室外体育课离不开体育场地和器材，只是有的场地大（见图 1-3-4）、有的场地小，有的使用器材多、有的使用器材少。无论是大还是小，也无论是多还是少，场地器材是体育课的必备条件，毕竟“巧妇‘难’为无米之炊”。当然，通过看场地器材的使用情况，我们也可以领悟教师是如何做到“巧妇‘能’为无米之炊”的妙处。

图 1-3-4　体育课大场地

在教学中，教学效果与场地器材的布局和使用情况有着直接的关系。任课教师要学会合理摆放场地器材，最直接和最捷径的方法是通过看课，领会他人对体育课场地器材的选择、布局、使用，以及器材的管理等经验。如一节篮球课，有的老师可能在组织完运球练习后，学生将球任意放在身体附近，结果不一会儿工夫，满场地跑的都是球，既危险，又显得零乱。如果老师让学生每人带一个已经使用过的双面胶的底芯，用双面胶底芯固定临时不用的篮球，就会避免球满场“飞”的混乱情形，也可大大降低安全事故发生的可能性。

确保场地器材的安全性至关重要，不但能够减少安全事故的发生，而且能够有效地提高教学的效益性。课前，教师要构想课上所有器材的合理摆放方法，以及学生如何完成对器材的使用；要了解器材的摆放是否存在安全隐患，上课前是否对有些器材进行安全检查，如羽毛球拍的头部是否有松动不牢固的现象、单双杠的杠子固定是否牢固、跳远沙坑里的沙子是否被松动和平整过等。

（四）教学方法切入法

教学方法是将教学内容传授给学生的方式和手段，教学方法选用的优劣直接关系到教学目标达成的效果，即教学的有效性体现。体育教学方法，既有传统的讲解法、听讲法、示范法、观察法、指导法、练习法、提问法、答疑法等教学方法，又有现代教学理论推崇的发现教学法、领会教学法，还有当前新课程改革倡导的合作、自主、探究等学习方式。这些方式与方法的运用效果直接反映了教师在课前对教学方法的选择与利用，以及对方法的理解与驾驭能力等，从教学方法切入来看课，可以及时了解到这些信息，并能相对准确地做出判断。

在看课的时候，要观察并记录教师运用了哪些方法，哪些方法运用得比较合理、有效，哪些方法不太适合或出现错误选择与运用的现象，判断教学方法是否适合的依据是什么，应该采取哪些方法最有效。

其实，看课的时候，应把重点放在关注学生的学习方法上。就教学而言，无论教师的教法如何，假如没有好的学法，教法仍然发挥不了最大功效，只有好的学法与好的教法协同与对接，才能达到最佳的教学效果。但是，无论是上课还是看课，重视教法、轻视学法的现象比较突出，这就等于一定程度上强调了教的环节而忽视了学的环节。现实中，有的教师不认为有学法的存在，这种情况对提高教学的有效性更为不利。如在一次看课前，我与任课教师事先交流，目的是想了解该教师对学法的认识。于是，便问该任课教师：“请问，您认为在您的课上，学生的学法是怎样的？”这位教师反问道：“还有学法？不是老师怎么教，学生就怎么学吗？”这种疑问告诉我们，这位教师的头脑中根本不存在什么学法，而是认为“教法等于学法”。但事实上并非如此，不但有学法，而且，不同的学生还有可能有不一样的学法。看课既可以发现教法是否合理，还可以通过观察学生的学习，了解并推断学法的合理性和个体差异性。看课时关注学法，既要关注到全体学生都在怎么学、怎么练，又要能够快速捕捉到个别有特殊表现的学生的学法，并认真分析其原因。

（五）教学语言切入法

体育教学中，教师在一节课上会用很多语言组织体育教学工作，如宣布课的任务和内容的介绍性语言、阐述技术动作与要求的讲解性语言、表扬鼓励学生认真学习的激励性语言、发现错误并及时纠正的指导性语言，还有缺乏实质性意义的过渡性语言等。但是，体育课上还有部分语言显得有些多余，如部分教师反复不停地说一些口头语，还有一些不规范甚至不文明的、讽刺挖苦性的语言等，对于这些语言，体育课上是应该坚决杜绝的。

看体育课，从教学语言切入，还需要关注学生的语言，而且不可忽视学生的询问、质疑等声音。由于体育课程的特殊性，在体育教学活动中，师生有诸多互动的环节、师生之间的语言交流（见图 1-3-5），以及学生与学生之间的语言交流（见图 1-3-6）。但是，不知是否有看课者关注过学生在体育课上的语言，也就是说，学生在课上都说过什么？问过老师哪些问题？学生之间是如何通过语言交流的？任课教师对学生的提问做出了什么样的回应？是不闻不问、批评指责，还是耐心回答、积极鼓励，教师不同的应对方法会带来不同的教学效果。因此，看课者在关注教师语言的同时，也不可忽视学生的语言。因为从严格意义上说，教学语言既包括教师的语言也包括学生的语言。只是教师的语言会多一些，指导性会强一些，而学生的语言会少一些，探究性会强一些。

图 1-3-5　体育课上师生之间的交流

图 1-3-6　体育课上学生之间的交流

（六）讲解示范切入法

体育课离不开教师的讲解和动作示范，讲解是否准确、精练、有效，示范是否标准、优美等，一定程度上取决于教师的教育教学能力与水平的高低，还取决于教师的教学态度和责任心等。因此，看课者要观察了解教师的讲解与示范情况，从中发现问题。教师的讲解、示范是教师教的能力的集中体现，看课者对此进行认真的观察与分析，既可以从一节课上发现教师讲解、示范的特点，也可以从多节课上总结某一任课教师讲解与示范所呈现的规律性，如对于不同的教学内容，同一位教师讲解与示范的差异等。有时，我们还可以通过看相同内容的课，了解不同的任课教师讲解与示范的区别，进而分析这些差异是由什么因素引起的，最核心的因素是什么，进而提高自己的看课水平。

当然，看课的时候，我们还可以看到讲解示范者的不同，或讲解示范的形式不同。有的是教师自己独立完成讲解与示范，有的是由学生代替教师完成部分讲解与示范，还有的是教师与学生配合完成讲解与示范。如图 1-3-7 所示，这是一节女生班的体操技巧课——“单肩后滚翻成跪撑平衡”，由于任课教师难以独自完成边讲解边示范的教学环节，任课教师就提前培养了一名体育小骨干，让她配合老师一起完成边讲解边示范的教学环节，即教师示范学生讲解。当我们看到这样的讲解示范形式时，一方面，拓展了思路，会马上想起“讲解示范并非教师的专利”；另一方面，看到其他学生注意听讲和观察，也能够带来一定的启发。

图 1-3-7　师生配合讲解示范

除此之外，看课的时候，教师是否有讲解与示范错误，是什么样的错误，错误产生的原因是什么，如何纠正，以及讲解示范的内容、方式、时机把握是否准确等，也都是看课者值得关注的方面。另外，看课者可以通过观察学生在听讲解和观察示范动作时的表现，了解讲解示范的有效性和针对性，对讲解示范的效果进行分析。如有的学生观看示范的时候皱着眉头，有的学生观看示范后非常兴奋，有跃跃欲试的感觉，等等。

（七）时间次数切入法

无论是中学的体育课还是小学的体育课，无论是常态课还是观摩课，也无论是球类课还是田径课，都有相同的时间规定。如一节课的总时间是 40 分钟（小学）或 45 分钟（中学）；还有大致相同的各部分时间分配，如准备部分一般为 8～10 分钟，基本部分一般为 25～30 分钟，结束部分一般为 5～8 分钟；更有各练习活动不同的时间分布，如一节篮球课“行进间运球”，有的教师可能安排准备活动徒手操 3 分钟，基本部分集体行进间运球 3 分钟，小组行进间运球 4 分钟，个人行进间运球练习 5 分钟，集体素质练习 5 分钟，结束部分放松活动 3 分钟等。因此，教学时间具有多重含义。看课者要分析教学时间安排合理与否，就要看是什么前提下的时间分配，看课的时候，需要记录总时间、各部分时间、各练习时间，还要分析时间安排是否合理，不合理的时间分配可能带来的负面影响是什么等。

体育课中的次数是一节课上每一项练习安排的频次。无论是教师主导下的集体练习、分组练习，还是学生自主支配下的个人练习，都是指练习的次数、组数或节拍数。比如，徒手操共几节，每节几拍；武术基本功练习，集体正踢腿每人连续踢几次；单手肩上投篮分组练习后，每人站多远的距离投几次，是一组学生依次轮流投，还是单个学生连续投；组织集体游戏时，该游戏是三局两胜制还是五局三胜制的组织形式，不同的组织形式会有不同的时间分配和次数规定。

总之，无论是什么内容、何种类型的课，其时间、次数都会在课中有所反映。因此，在看课的时候，我们可以从时间与次数切入，分析时间与次数分配的合理性，最终达到通过发现和分析问题，不断改进自己的教学质量。

（八）亮点与问题切入法

一般情况下，看体育课都会将看点集中在创新点或问题上，创新点一般也可以称为亮点，因为看到这样的环节，会让人眼前一亮。一节课有可能只有一个亮点，也有可能有多个亮点。还有一种情况，在看点中有一种属于突发事件，但又可以归结为亮点的教学情节。基于此，看课从亮点与问题切入，往往会给看课者留下较为深刻的印象。

不同的看课者能够捕捉到多少亮点可能有所不同。有些人通过看某一节课，能够发现一些亮点，但有些人就未必能够如此，这与看课者所掌握的技巧和看课捕捉信息的能力有较大的关系。亮点的呈现有时可能是活动形式上，有时可能是场地器材布局上，还有可能是所创编的活动内容上等。亮点是最吸引看课者眼球的，也是最容易从中得到启发的，亮点也是比较容易发现的。因此，看课时要能够注重各个环节，尤其是当某个环节让你眼前一亮时，需要定神稍作思考，判断这是关于什么的亮点，是科学的创新，还是存在一定问题的创新等。

但对于问题来讲，就有较大的差异性了，有些人看完一节课后基本上找不到问题，有些人看完一节课后找到了大家都能找到的问题，有个别人找到了大多数人找不到的问题，而且还有可能找到的是违背规律的大问题，即所谓的硬伤。看课的水平不同，看课结果会有一定的差异性，如图 1-3-8 所示。

从图 1-3-8 显示的情况可以看出，会不会看课差别很大，不会看课者，看不出问题，或仅仅看出了很小或很表层的问题；而会看课者，尤其是掌握了看课门道者，不但能够看出问题，还能够找到深层原因，并想到解决问题的策略。

当然，还有一些视角也是看课时能够切入的，如安全防范、教学目标达成情况、师生关系、突发事件等。至于如何通过看课及时捕捉所需信息，或对课进行系统的分析，在“实践方略”部分将进一步讨论。

因此，体育课如何看，关键是要找准切入点，不同的看课视角会有不同

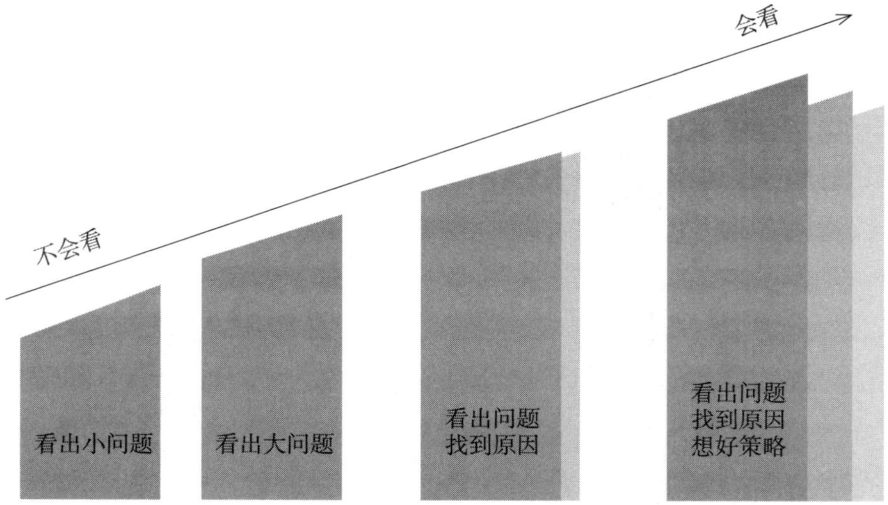

图 1-3-8　看课者的看课水平

的切入方法。当然，看课视角的选择主要是根据看课的目的来确定。一旦确定了看课视角，既可以通过看同一任课教师的课进行纵向比较与分析，分析每一视角下的某一专题的教学情况与效果，还可以通过看不同教师的课进行横向比较与分析，从而了解某一专题不同任课教师的各自特点，或不同课上学生的学习参与情况等。无论看什么，也无论怎么看，看课的最终目的无外乎提高自己的教育教学水平，或指导他人能够有更好的教学效果，尽量减少失误，更重要的是要通过看课，将课分门别类地进行分析，从而不断改进和提高教学质量。

基于对看课视角与切入方法的分析，下面做总体上的归纳：

看课视角与切入方法

有效观看体育课，　多元视角要把握；
基于目的选视角，　切入方法有很多；
单个部分要切入，　依据需要把握住；
练习活动逐个找，　合理有效才叫好；
场地器材独立看，　安全隐患可呈现；

教学方法多又多， 教法学法分类说；
教学语言全面听， 师生互动不放松；
讲解示范是关键， 结合学生来观看；
时间次数认真记， 合理准确不儿戏；
亮点问题不放过， 主观判断按需做。

第四章　看课的几项原则

看体育课，需要有明确的看课目的做前提，找准切入点。然而，有时即便是这些都做到了，未必都能达到理想的看课效果。因为在看课的过程中，还有几项原则需要准确把握，诸如看体育课需要局部与整体相结合，看课的教学内容需要与教学方法对应考虑，看课过程中尤其需要手、脑、眼、耳等多感官并用。另外，看课与评课相结合、看课前与看课后的衔接等都是需要遵循的重要原则。如果在看课时能够把握好这些原则，将在一定程度上提高看课的效果，得到更多的甚至是意想不到的收获。

一、局部与整体结合原则

局部是整体的元素，整体是局部的叠加。看体育课的时候，我们往往看到的是一节课中一个个的局部环节。一节完整的体育课，就是由这一个个小的环节组合而成的。我们可以把一节体育课分为三大部分，即准备部分、基本部分和结束部分，各个部分又由各个小的环节组成，如准备部分，从集合整队、报告人数、安排见习生、检查服装、宣布课的内容和任务，到组织慢跑、做操或游戏等各个小的环节，都是构成该部分的元素。在看课的时候，如果把切入点放在准备部分，这些局部的小环节都是需要认真仔细关注的。但是，有时候，我们最终看的是体育课而非单一的准备部分，即便是要分析研究准备部分，也是体育课的准备部分，基于此，我们在努力把握好局部各环节的同时，一定不能脱离完整课堂。准备部分自身的科学性固然重要，但作为一节完整的体育课，其准备部分的各个环节内容安排的合理性更加重要，因为一个自身科学的准备活动并非对任何一节体育课都适宜。其他两个部分（基本部分和结束部分）局部与整体的关系亦是如此。

实际上，在看课的时候，很多人就会犯同样的错误，只就事论事，甚至断章取义，这样不利于从整体观评价课的效果。因此，看体育课既需要认真看清各局部环节的优与劣，更需要从整体观看各局部环节所发挥的作用和价值。

看体育课的时候，对于任何一个局部的环节，我们都不可孤立地分析。因为局部是整体的元素，任何一个元素都无法完全脱离完整的一节课而孤立地存在。有时候我们不能很明白地看清为什么要安排某一个教学环节，但当我们把整节课都看完以后，就会豁然开朗。这种现象，正是局部与整体有机结合看课的必要性所在。

如何做到局部与整体结合看体育课，下面做一小结：

局部与整体结合

局部看课事项多， 整体结合好把握；
完整课堂可分解， 各个部分按序写；
单个环节不明了， 打上问号标注好；
所看问题是个啥， 综合分析现真假；
亮点有时难判断， 前后贯串易分辨。

二、内容与方法协同原则

内容需要方法的体现，方法需要内容的支撑。对于体育课而言，最为关键的两大要素就是内容与方法，脱离了内容不知道教什么，没有了方法不知道该如何教。在看课的时候，我们不但能够看到教师教了什么，学生学了什么，还可以看到教师是如何教的，学生是如何学的。教了什么和学了什么是内容问题，而如何教和如何学是方法问题。就看课而言，需要将二者结合起来，在了解某一节课教师选择的教学内容的同时，往往需要看该内容采取的教学方法是否合理，因为不同的内容可能有不同的教学方法，相同的内容也可以用不同的教学方法组织教学活动。因此，内容选择正确只是第一步，关键的问题是采用了什么样的教学方法，这种方法是否合理有效，是否符合学生的年龄、性别等的特点，是否适合该内容的教学，在看课的时候，这样的综合信息需要及时把握。

但是，日常的看课活动，教师往往未能将二者协同起来，有些教师看课仅仅是了解该节课选择了什么教材，哪些是主教材，哪些是辅助教材，各类教材的搭配是否合理，至于该教材选择了哪些教学方法，选择的这些方法是否合理有效，被看作是方法问题，也就是说，看内容时很少想到方法，看方法时又很少联系到内容，将二者绝对孤立起来，说明缺乏协同看课的习惯。实际上，独立看内容或独立看方法是较为片面的，或是不完整的。将二者协同起来看才是全面把握内容选择与方法运用的科学性与合理性的有效方法。任何教学内容都需要方法的驾驭，任何方法的运用都需要内容做支撑，离开方法的内容和离开内容的方法都是缺乏生命力的。因此，要想提高看课的效果，需要在看课的过程中做到内容与方法的有机结合，孤立地看任何一方面都难以达到理想的看课效果，但专题研究式的看课可以有所区分。

对内容与方法协同看课的原则归纳如下：

内容与方法协同

教学内容很重要，　离开方法无从教；
内容选择有区分，　方法对应才算真；
内容方法是一家，　孤立开来效果差；
看课关注教什么，　方法协同合理做；
独立畅谈教学法，　缺少内容难辨假。

三、手脑与耳眼并用原则

看、听、想、记结合为最佳。常言说，好记性不如烂笔头，看体育课依然如此。看课过程中很多信息会一拥而上，诸如亮点、困惑、启发等。在看课的过程中不但会听到很多，而且还能够看到各式各样的教学情节，这些诸多信息与情节如果不用笔及时记录下来，仅靠大脑的短时记忆，随着信息量的增多和时间的推移，很多信息就会逐渐消失，甚至颠倒、混淆。如果一些信息是十分有价值的或是问题的关键所在，消失后将很难追忆。因此，看课的过程中不但要看、要听，还要想，更要记。因为看课并非只是一种简单的视觉活动，而是需要手、脑、眼、耳等多种感官并用，方能达到较好的效果，搜集到更多的有价值的信息。

- **手记**

在看课过程中，看课者需要亲手记录看到和听到的信息，当然，看课过程中对所看内容的判断，以及看后受到的启发更是需要快速记录的内容。如果不动手记下来，课的实施过程不可能因为看课者需要思考、分析、记录而停留在某一环节上。课是动态的，是连续无间断的，它不会依据看课者的需要而组织课堂教学活动或放慢课堂节奏。因此，对于看课者而言，看课前要准备好记录的笔和纸。记录笔的选择上，用两个不同颜色的笔十分必要，如用一支红色的笔通过打“√”的形式标记亮点或关键点，通过打“×”的形式标记问题，通过打“?”的形式标记疑惑，而另一支不同颜色的笔（蓝色或黑色的笔）可以记录课上看到、听到或想到的需要记录的文字内容。

有些教师只记录看到的信息，这是不全面的，记录作用尚未充分发挥。记录除了按上课的时间顺序依次进行，在内容上，最好不要完全停留在只记录听到了什么和看到了什么，而是更需要记录想到了什么，甚至将想到的错误原因、纠正方法等都随时记录下来。除了要记，书写的速度还要快，也就是说，最好用速记（如符号替代法）的方式将重要信息记录下来，不能因为记录速度过慢而影响看听过程，这样会遗漏教学过程中的一些重要信息，导致看课不够完整。

不同的看课者或许记录的方式不同，但要达到记录的全面和有条理，建议在看课前根据看课的需要设计一个记录表，如表 1-4-1 所示。

表 1-4-1　体育课堂观察与记录

课前了解基本信息					
任课教师		上课时间		年级与班级	
教学内容		单元课次		课的类型	
教学目标					
重点、难点					
课中观察与记录					
课的结构	观察点	看课记录			
		基本信息	亮点	问题	疑惑
开始部分	常规落实情况				
	……				
准备部分	一般性准备活动（内容、形式、效果）				
	专门性准备活动（内容、形式、效果）				
	时间分配（合理性、对应性）				
	……				
基本部分	教师的教（讲解、示范、学法指导等）				
	学生的学（态度、方法、效果等）				
	练习手段（有效性、新颖性等）				
	时间分配（合理性、对应性等）				
	安全防范（及时性、有效性、准确性等）				
	……				
结束部分	放松活动（内容、形式、效果）				
	……				
看课小结					

- **眼看**

看课最需要的是眼睛，不但需要眼睛看整个课堂的情况，更需要它能够迅速找到亮点或问题点，及时发现特殊情节。也就是说，眼睛的视域要宽，同时，当眼睛的视线需要集中的时候一定要能够看出“门道”或问题。看课的时候切忌漫无目的，眼睛不知道看什么好，结果一节课下来，有些教师看出了“门道”，而目的不明的教师很有可能看了场“热闹”。看课的效果反映了一个人视觉综合搜索信息的能力。看课的时候需要高度集中，眼睛需要非常犀利，从眼神的变化上要能给人一种“原来是这样!”——看明白了，“为什么能这样?”——在寻找问题的答案等感觉。

- **耳听**

在看体育课过程中，听取信息的能力至关重要，有的时候只要认真看就能看明白，如示范动作或练习形式，但是，有的时候需要认真听才能听明白。当然，在听的过程中，有很容易听明白的，也有难以听明白的。能否听明白与听的方法以及注意力集中程度有很大关系，由看课者的听觉信息的能力所决定，不同的能力体现将会产生不同的听课效果。如有些看课者只顾听教师在讲什么，在说什么，至于学生在课堂上说了什么却无心顾及；而有些看课者，非常关注学生在课堂上都说了什么，为什么说这些，教师对学生提出的问题或课堂上的言语做出了何种反应，是积极正向的，还是消极负向的，等等。可见，在看课的过程中，对听觉信息的捕捉非常重要。

- **动脑**

无论是看、听，还是手记，任何一个环节都需要动脑，不动脑，就不知道记什么，不知道看到或听到的对不对。因此，动脑是贯串到任何一个看、听、记形式中的思维活动。

看课需要听得清、看得明、想得出、记得快，由此，手、脑、眼、耳并用是提高看课效果不可忽视的原则。

手脑与眼耳并用

看课过程较复杂，　多种器官是一家；
边看边听边记录，　手脑眼耳闲不住；
看听活动内容多，　动手动脑不多说；

看课发现有关键，　彩笔记下好分辨；
符号代表有不同，　优点不足分类统；
提高效果目标明，　认真勤奋反应灵。

四、看课与评课兼顾原则

看课是评课的前提，评课是看课的后续。看课其实并非最终目的，需要在看课后，对所看课有一个客观认识，当然并非是好与坏的简单评判。看与评兼顾，实际上是要求看课的时候多动脑，看课的同时多在大脑中打上几个问号。有时能够直接做出某种判断，但有时难以即刻判断，这也需要看课者能够在大脑中打出一连串的问号，提出一系列相关的问题，如为什么会这么分组，为什么采取这种练习形式而不用那种练习形式，为什么练习两次而不练习更多次，等等。

看课与评课兼顾，在时间上有同步进行的，也有即刻跟进或延迟性评课等多种形式。也就是说，有边看边评的，也有先看后评的，过去人们采用较多的是先看后评，尤其是专家对所看课进行点评。当然，边看边评和先看后评都各有利弊。边看边评对于经验不足的看课者而言，可能会遗漏一些信息；先看后评，如果没有及时记录所看到的有价值信息，看后评有时不免会有失准确性和完整性。因此，不但需要看课者提高看课的能力，而且需要在看课过程中及时记录有价值的信息，以备分析评价之用。

看课与评课兼顾

有效看评体育课，　二者结合不会错；
看课认真记录多，　看后总结好评说；
看课过程多动脑，　符号标注不能少；
对号表明优点见，　错号显示要完善；
问号表示有疑惑，　区分归类好评课。

五、课前与课后衔接原则

看课前翻阅教案做预知，看课后询问教师来完善。看体育课并非仅限于40分钟或45分钟的课堂，而是要有看课前的准备即翻阅教案，还应有看课后的完善即咨询教师。这两个不可缺少的环节体现的是大看课观下的看课活动。看课前需要事先知晓所看课的基本信息，看课后需要就看课过程中存留的疑点通过咨询任课教师得以化解。

看课前先看一看教案上的若干信息，可以给看课者提供重要参考，有利于规划看课方案或找准切入点。诸如，通过该课的教案了解到课的内容、目标、重难点、组织方法、练习方式、场地器材布局等，这样可以帮助看课者快速了解所看的是一节什么样的课。对于在教案上发现的问题，在看课的过程中看课者要集中注意力观看该部分。需要进一步强调的是，看课者认真研读课的教学目标和重难点十分必要，因为课上成什么样，目标是否达成了，重难点是否有所突破，需要在深入了解教案中的目标与重难点的基础上才能更好地把握。而且，一节课是否有效，也主要是通过看目标达成情况和重难点突破情况来确定的。因此，看课的前期准备工作是不可缺少的，有什么样的前期准备，就决定着有什么样的看课效果。

当然，看课者在前期对教案的知晓，还可以分为知的多与少和知的深与浅。如果只是浏览一下所看课的教案，而不做具体分析，也难以对看课起到较好的辅助作用。因此，需要看课者从广度和深度两个层面了解教案。其广度就是要全面，即全面了解教案上的各项信息，甚至课的练习密度预计等都需要有所了解；其深度就是了解的深浅，即是否认真分析教案的合理性。在了解教案上写的是什么以外，最好还要能够分析为什么。大多数情况下，教案的合理程度与课堂教学的合理程度呈正相关。因此，有无提前知晓，知道的广度与深度，一定程度上会影响看课的效果。假如时间充足，做到广泛而深入地了解教学设计情况，将更加有利于看课；假如时间不充足，如现场看课前几分钟或十几分钟才拿到看课的教案，至少也要认真研究内容、目标、重难点等重要信息。

对看课前的准备做如下小结：

看课前的准备

有效看听体育课，课前准备有预设；
先看教案知内容，目标难点有不同；
教学过程看得见，密度负荷有呈现；
清晰记录要求多，表格设计最先说；
双色水笔准备过，相机充电提前做；
观察记录不能错，看课效果有把握。

看课后的咨询环节也至关重要，尤其在看课过程中有疑问时，如果不通过课后与任课教师的交流，也会直接影响看课的效果。当然，补充完善的形式并不拘泥于咨询任课教师，有时在看课结束后，听取任课教师的课后自评或专家的点评，也是很好地提升看课效果的方法。当然，主动找任课教师咨询，更具有针对性。

实际上，对于看课者而言，很多人都会认为，看完 40 分钟或 45 分钟的课就是看课活动的完成。其实并非如此，完整的看课，还应该有一个前后延伸，正如我们的课堂教学有课堂延伸——“课外活动”一样，看课的延伸从时间上说是课堂教学之外的时间。从内容上和形式上说，是课前对教案的翻阅和课后与教师的交流，尤其是对所看课堂产生的疑问的咨询。当然，不同的课型会有不同的咨询方式，如果是常态课，看课者有机会在课结束后与任课教师交流；而对于观摩课而言，未必有如此如愿的时间和机会；如果是现场观摩活动，如全国中小学体育课堂教学观摩展示活动，在展示结束后，会有一个甚至多个专家对展示课进行点评和指导教师的介绍，看课者通过听取点评意见和指导教师对课的设计思路的描述，可以更加深入而全面地了解所看的课，甚至可以及时补充看课过程中遗漏的信息。如果对所看课有不理解的部分，通过听点评环节能够加深对课的理解；如果未捕捉到亮点，通过听点评也能够重新收获亮点，有时也会进一步发掘看课过程中未能发现的问题。另外，每看一节课，建议能够做一个反思，整理看课记录，并反思看课的方法是否留有遗憾，如何改进。当记录很多看课信息后，还可以对此进行归纳整理，将看课经验进行总结，或将看到的所有问题进行归类等，为以后的研究工作积累很有价值的素材。因此，无论看什么样的课，重视看课的前后延伸环节是很有必要的。

看课说起来简单，但要想达到好的效果，做起来并非易事，因为它不但需要局部与整体结合看课、内容与方法协同看课、手脑眼耳并用看课、看与评兼顾看课，更需要树立大的看课观，通过前期知晓、后期咨询或听取他人点评等完善看课。这既是要把握的基本原则，又是要采用的有效方法。只有这样，看课所获取的信息才有可能是多元的、客观的和准确的。孤立地看与听而不记录，有可能走马观花，收效甚微；只看到局部而未综观全局，有可能一叶障目或断章取义。常言说得好，会看的看门道，不会看的看热闹，把握了看课的原则，看出课的门道并非难事。

看课的原则

有效看听体育课，　遵照原则不会错；
局部整体相结合，　关键环节能把握；
内容方法有协同，　合理有效方可明；
手脑眼耳要并用，　信息收集多又重；
看课评课兼顾说，　看评效果好处多；
课前课后有接受，　提高效率无折扣。

第二部分

体育教师看课——实践方略

看课如何看出门道？会看的人不但能够把握全局，而且能够通过看细节找到真问题，进而分析其原因，并能找到解决问题的有效策略。因此，走进课堂，将所了解到的看课理论应用于实践的同时，把握看课的技巧十分关键。本部分重点介绍从整体看课和从局部看课的方略。把握了整体与局部，无论是全局性的问题，还是局部的问题都能有所把握。

从整体看课，要先看什么，后看什么，看课过程中思考什么等，都是从整体看课看出真问题和闪光点最先厘清的问题；从局部看课，体育课可以划分为哪些局部环节，哪些关键要素需要特别关注，如何从局部把握细节等，都是看出门道必须把握的实践问题。

第一章　从整体看体育课的方略

无论是新任教师还是有一定教学实践经验的教师，在看课的时候，大都要从整体上看，例如，通过看课了解任课教师的设计思路与方法，通过看课寻找问题，通过看课学习经验、看其闪光点等。从整体看课，要求看课者从头至尾完完整整地，而且各环节都要认认真真地看，并综合做出判断。

一、看体育教学设计的水平

决定体育教学效果的优劣，至关重要的因素就是课前的设计，教学设计是否合理，直接反映在课堂教学活动中。因此，通过看课，可以了解任课教师是如何进行教学设计的，教学设计是否合理，问题何在，应如何规范体育教学设计，等等。对于这些问题，笔者将结合看课实例具体分析，以便为体育教师进行合理的教学设计，以及从课上如何看出体育教学设计的技巧等提供参考。

在通过看课了解教学设计之前，我们首先讨论一下，体育教学设计目前存在的一些现象。

（一）体育教学设计的扩大化与缩小化现象

体育教学设计这一专业术语大家并不陌生，但并非每位教师都能真正地了解什么是体育教学设计，目前存在的两种现象说明，有些教师对体育教学设计的准确把握还不到位。

现象一 将体育教学设计等同于体育教学计划

关于体育教学设计的定位，有些教师将其误认为是体育教学计划。如有教师说："体育教学设计具有多个层次，即学年的、学期的、单元的和课时的。"这种认识实际上是把体育教学设计的概念扩大化了，而且，也是把"设计”完全等同于“计划”了。结果导致出现了混淆体育教学设计与体育教学计划的现象。

就体育教学计划而言，从时间跨度上来划分，它可以分为不同层次，如通常教师习惯从学年开始，然后是学期、单元，最后到课时，自然就会有对应的不同层次的体育教学计划。即体育学年教学计划、学期教学计划、单元教学计划和课时教学计划（或教案）。

而体育教学设计就大不相同了，体育教学设计直接指向的是课堂，我们可以理解为根据课标、教材、学生、场地器材条件等诸多因素，选择教学内容，设置教学目标，确定科学有效的方法，按照一定的时间顺序，进行合理组织与规划课堂教学的过程。也就是说，它指的是对课堂教学本身的规划，更进一步说，还可以通俗地理解为它要解决体育课“如何上”的问题，而体育教学计划主要解决某一时间段“上什么”的问题。同样的内容、同样的学生、同样的场地器材条件，不同的教师会有不同的设计，也同样会有不同的上法，因此，体育教学设计具有明显的个体差异性。

综上所述，将体育教学设计等同于体育教学计划是一种概念的“扩大化现象”，同时也是一种错误的认识。体育教学计划虽然不等同于体育教学设计，但二者也是有一定联系的，它们的连接点就在于课时计划，也就是说，体育教学设计中包含课时计划（即教案），而教学计划的最小单位也是课时计划。

现象二 将体育教学设计等同于体育课教案

所谓体育课教案，实际上就是教师平常所说的课时计划。教案不完全等同于教学设计，它只是教学设计的主要呈现形式，是最重要或最核心的内容，而不是全部。但有教师却将体育教学设计与教案画上了等号，很显然，这是把体育教学设计等同于体育课教案的“缩小化现象”。这种现象会导致对体育教学缺乏周密和细致的考虑，在教案上有些内容难以体现，如活动与活动之间的衔接、每一个练习内容安全隐患的规避等。但是，要想很好地把握体育课堂，对这些细节问题的把握都是至关重要的。事实上，教案呈现的内容很难将教学中的很多细节都反映其中，因此，就需要做科学、合理、具体的教学设计工作。体育教学设计自然就不会完全等同于教案，它还有指导思想、教材分析、学情分析、教学流程、场地布置、安全防范等要素，这是一份规范的教学设计所需要的要素，其中核心要素是教案，而其他几个要素可以称为基本要素。由此也可看出，教案应该是包含在一份完整的教学设计中的，二者并不是等同关系。

体育课教案中呈现的教学内容、教师活动、学生活动、时间与次数等都较为笼统，至于一节课中，教师应如何示范，包括位置、次数、时机等，教案上出现的往往只是“教师示范”几个字，或更简单的“示范”，而未明确写出如何示范，这就需要教师在教学设计过程中有一个系统的考虑。因此，相对于教学设计来说，教案上的内容是极为有限的，它所承载的内容不足以反映一节课中各个环节的具体活动方式。另外，有时看教案的时候还不足以看清教师对一节课的设计思路和创意所在，很大程度上只有通过看课，才能够更加明确教师的设计思路、方法与技巧。

（二）看“跪跳起”分析体育教学设计的合理性

体育教学设计是体育课堂教学的前期准备，该项工作做得是否充分，从教案上能够有部分了解，从体育教学实施过程中也能一目了然。但如何通过看课，全面把握任课教师的设计思路、方法，以及从中发现问题并能找到问题的根源，则需要按照一定的程序和方法看课并分析体育教学设计。下面以“跪跳起”为例展开讨论。

1. “跪跳起”课例的来源与教学设计基本信息

“跪跳起”课例是全国首届小学优秀课例评审一等奖获得者、天津小学刘新建老师的小学二年级的体操技巧课。

从教学设计上我们首先了解到一些最基本的信息，有利于更加有效地看课，并能较全面地了解任课教师的设计思路与具体方法。“跪跳起”这节课是一个单元 4 课时中的第 1 课时。上课时间为 40 分钟，学生人数未知，男女生比例未知（未能提供）。该课教师设置的教学目标包括三个方面：“（1）能够说出跪跳起的动作顺序和要领，全体学生都能做出挥臂制动的动作，少数的优秀生能够在帮助下完成，加强学生安全参加锻炼意识的教育；（2）通过本课的学习，增强腰腹肌肉群的力量，提高灵敏性和协调性；（3）形成善于观察、乐于模仿、相互帮助合作进行学习的能力，培养果断、顽强进取的体育精神，可以和伙伴良好合作、关爱他人的优秀品质，在队列练习中体验个体在群体中的自豪感和责任感。”教学的重点是“两臂前挥摆并制动”，教学难点是“脚面和小腿压垫有力”。

除此之外，从体育教学过程上显示：“常规队列—导入准备—基本练习—每课一玩—放松整理”五个阶段。每一个阶段的时间分配分别是 4 分钟、5 分钟、20 分钟、8 分钟、3 分钟，共计 40 分钟。教学设计中显示主教材的教学流程是“跪撑前移—跪跳高—跪跳远—模仿练习—跳至一层、二层、三层、四层垫子—跪跳起”六个环节，如图 2-1-1 所示。

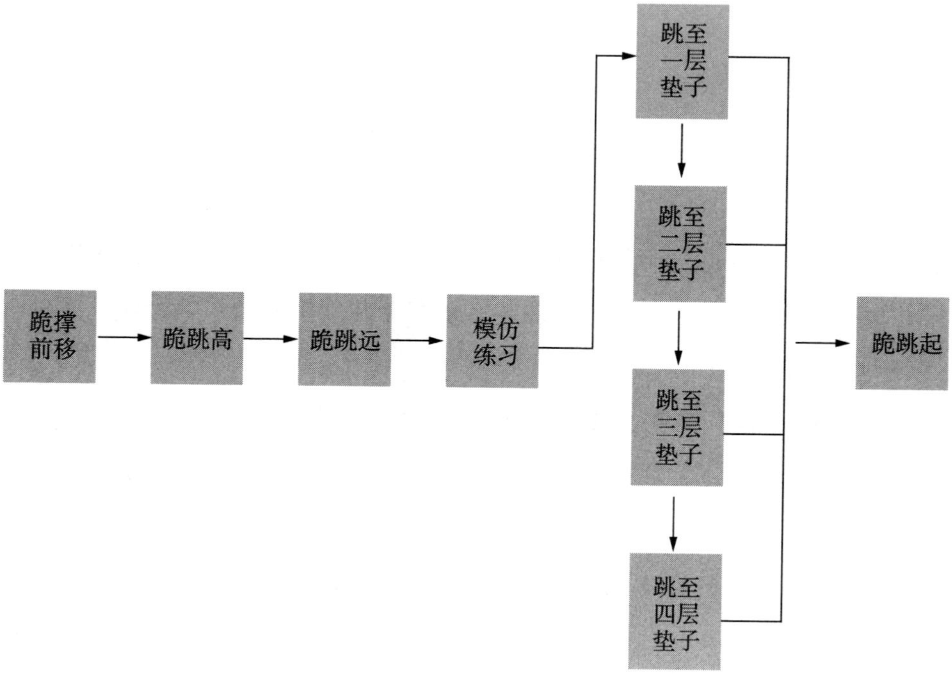

图 2-1-1　“跪跳起”教学流程

课堂教学过程中，部分练习如图 2-1-2、图 2-1-3 所示。

图 2-1-2　跪跳高练习

图 2-1-3　跳至二层垫子练习

从该课例的设计来看，制定的体育教学目标比较明确，但在体育教学实践中，目标是否能够达成或基本达成，要看每一个教学环节的设计是否合理，是否在时间上、方法上、手段上都有自然衔接与过渡。设计合理与否，一方面要看各部分的实施效果，另一方面要看体育教学各细小环节的把握。

2. **“分析体育教学设计合理性”的看课视角选择**

看任何一节体育课，选择看课的视角必不可少。重视视角选择，会使看课活动更有针对性和时效性，不重视视角的选择，有时看课可能会存在时间上的浪费或效果上留有遗憾，甚至有的时候会出现捡了芝麻丢了西瓜的后果。因此，无论基于何种看课目的，视角确定都至关重要。那么，分析体育教学设计如何确定看课视角？是一个视角还是多个视角？结合过去看课的经历，笔者认为，由于体育教学设计所涉及的要素不但包括“人”（教师与学生）与“物”（场地、器材、教材），还包括“事”（目标、过程、方法等），因此，在以“分析体育教学设计合理性”为目的的看课视角显然就应该是多元的，而不是单一的。基于此，看课的时候可以选择多个视角，在按照一定的时间顺序逐一看的同时，有些环节需要重点把握。如老师在示范的时候，学生在观察，师生的这一“示范—观察”环节，就存在教师如何示范的问题，包括示范的位置、示范的方法、示范的次数等是否合理。同时，还存在学生如何观察的问题：学生是如何观察的，是观察局部还是整体，观察过程中有无面部表情的变化，有什么样的变化，教师要求学生如何观察，学生在观察过程中存在问题的时候，教师应该如何及时做出调整。对于想了解体育教学设计合理性的看课者而言，这些方面都是需要认真关注的。

3. “分析体育教学设计合理性”的看课方法

分析体育教学设计的合理性，需要视角多元化，这样才能获得综合的信息。最好能从大、小两个视角结合来看，大视角主要是看全面性、系统性上的设计，小视角主要是看教学细节上的设计。

（1）大视角看“跪跳起”课例

所谓大视角看课，一方面是从全面性来说，如按照时间顺序来看各个环节安排的合理性，又如看整节课的各项活动形式和内容安排的合理性；另一方面是从系统性来说，如同时兼顾看主教材和辅助教材内容的选择与教学方法匹配的合理性。本研究以各部分的活动内容与方法为例，对“跪跳起”课例进行分析。

该课例的教材内容包括两大部分，其中，主教材是“跪跳起”，选择的游戏是“毛毛虫接龙”和“劈叉接龙”。这些内容的学习和辅助性练习形式，遵循了循序渐进的原则，如同任课教师在教案上所呈现的“路径教学法”一样，渐进性实施了教与学的活动。从总体上看，在课的准备部分，学生准备活动徒手操结束后，教师设计了“让学生自主选择各种柔韧性练习”的教学环节，学生有的劈叉、有的下桥、有的跪地后倒成“小元宝”姿势等，为基本部分主教材的学习做了铺垫。紧接着，在原来队形不变的情况下，教师让学生在木地板上手向前远撑腿跟进做跪撑前移练习。这一环节的设计是本节课“跪跳起”主教材学习的起点。然后过渡到垫子上“跪跳高”和“跪跳远”的练习。又过渡到从小跳台上向垫子上做跪跳起辅助练习。跳台上的跪跳起练习，任课教师按照从易到难的顺序，安排了从跳至一层垫子→跳至二层垫子→跳至三层垫子→跳至四层垫子，依次过渡。然后，学生可以结合自己掌握的情况调整垫子高度继续练习，可根据需要重新返回三层、二层或一层垫子上练习。体现了新课程基本理念中的“区别对待”，照顾到了学生的个体差异。在课的结束部分，任课教师安排了两个游戏“毛毛虫接龙”和“劈叉接龙”，并作为素质练习前后呼应。游戏采取比赛的方式，最后让冠军队走上小跳台和大家一起在一首“感恩的心”的音乐声中共同做放松活动。获得冠军的学生得到了鼓励，同时对其他学生也是一种激励。在小跳台上练习，场地的布置如图 2-1-4 所示。

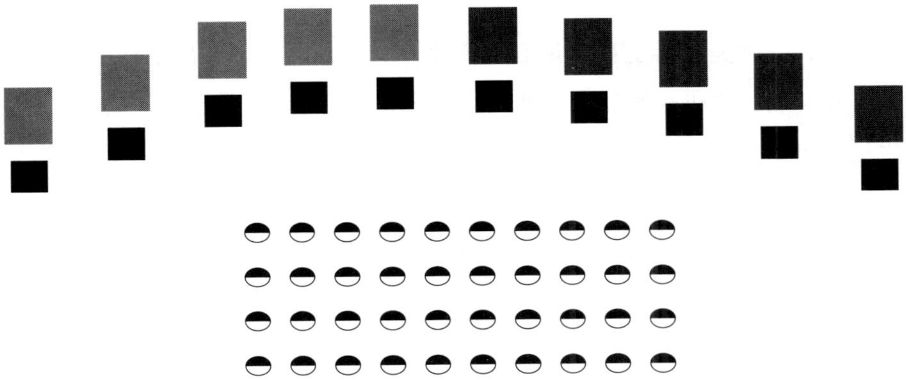

图 2-1-4　跪跳起小跳台辅助练习场地布置

总的来看，各个环节过渡自然、流畅，环环相扣，甚至可以说是达到了“无缝隙性”组织。内容选择适宜，方法选用有效，时间安排也比较合理。不但能看出该教师具有较扎实的教育教学技能功底，还反映出该节课的教学设计是经过精心策划的，因此，从大的视角来看，该节课的教学设计是合理的，有很多借鉴和学习之处。

（2）小视角看“跪跳起”课例

在看体育课的时候，所选择视角的大小是根据不同的看课目的来确定的。前面谈到从大视角来看体育课的教学设计的合理性，能够对此有一个较为全面的了解。实际上，由于细节问题的处理方式对教学的效果起着至关重要的作用，因此，看课时我们不可忽视任课教师对课的细小环节的设计。如教师对教学语言的运用，诸如如何表扬才能起到激励作用，如何批评才能起到督促引导作用，如何提示才能起到安全防护作用，等等。基于此，我们可以单独听和记录教师在各项教学活动中的语言。对于如何表扬、批评、提示、指导更有效，认真负责且有经验的教师，课前几乎都会进行精心设计。

“跪跳起”这节课上，教师语言的运用也值得借鉴。在调动学生积极性方面，各项活动中都有所体现，如布置场地环节，该教师用“看哪一组摆得快”；在辅助性练习阶段，教师用“看哪个同学跳得高、跳得远”；在游戏阶段，教师又用了“看哪一组同学接龙最长”等启发激励性语言，起到了调动学生积极参与的作用。

另外，教师关注学生在课堂上的各种方式的语言，并做出了积极的回应。比如，在一名学生进行跪跳起辅助练习“跪跳远”展示后，老师又一次组织学生进行自主分散练习，这时，有名女生走到老师面前轻声告诉老师：“老师，我一会儿也想给大家做示范。”老师听了该学生的要求后说：“你先继续练习，一会儿先给老师做一遍，如果做得好，老师就让你给大家做示范。”这样的回应说明教师对学生的重视，而且还考虑到了学生在课堂上提出的要求，并用了“做得好才能给大家做示范”的激励方式，而不是直接答应学生所提出的要求。非常巧妙的应对，一方面，反映老师的教学能力较强；另一方面，也给看课者很好的启发——体育课上不可忽视学生的语言。

由此可见，不同的看课视角，会得到不同的收获，就体育教学设计而言，这节课的观察，我们得到了很多启示，其中不可忽视的是：在进行体育教学设计时，不但要关注大的环节的连贯性、合理性，还要关注心理层面的设计，比如，如何运用巧妙的语言激励学生，如何考虑用不同方式回应学生提出的问题。心理层面的课前设计是教师容易忽视的，但又是很重要的。

（三）体育教学设计应考虑的教学要素与操作步骤

1. 体育教学设计应考虑的教学要素

体育教学设计需要考虑诸多教学要素，了解这些要素，是有效进行体育教学设计的关键。体育教学设计中考虑这些要素，实际上是对这些要素的进一步规划。对于体育教学而言，体育教学要素包括固有要素和生成要素，固有要素有场地、器材、教材、教师、学生等，生成要素有达成目标、安全防范、突发事件等。

在进行体育教学设计时，我们可以把体育教学要素分为以下三类。第一类是易控要素，如场地、器材、教材、时间、次数等，这些要素完全可以通过发挥教师的主导作用得到很好的支配；第二类是可控要素，如教师与学生、教法与学法、组织形式、安全防范等，这些要素不像易控要素那样容易被控制，但通过教师的精心安排也是能够控制的；第三类要素是难控要素，如达成目标、突发事件等，这类要素在体育教学活动中相对于前两类要素而言难以控制，因为它们与很多因素有关，有时甚至是难以预测的，如突发事件等。对于以上三类要素，在体育教学设计时都需要加以重视。

2. 体育教学设计的操作步骤

合理的体育教学设计应该按照一定的步骤把握操作过程。笔者认为，有些人通过看课能看出体育教学设计的合理性；有些人很有可能看不出来，其主要原因或许是由于对体育教学设计的规范结构不清晰导致的。为此，我们有必要谈谈如何进行体育教学设计，也就是说，如何处理好人、事、物之间的相互关系。使“人”的作用，无论是教师的主导作用还是学生的主体作用，在教学活动中都能够充分发挥；使“物”得到最合理和最有效的运用；使“事”得以最巧妙、最完善地体现。下面提出体育教学设计不可忽视的几个阶段及方法步骤。

（1）设想与分析阶段：思路清晰，分析到位

任何一次体育教学设计工作，最关键的问题是要思路清晰，如果没有清晰的思路作为先导，随后的设计工作很难保证合理与有效。在这一阶段，要解决“为什么教”和“教什么”的问题。“为什么教”想不清楚，等于依据不明；“教什么”不确定，等于内容适应性不突出。因此，需要明确指导思想，做好教材分析、学情分析等前期工作。

（2）选择与布局阶段：选择准确，布局合理

解决了“为什么教”和“教什么”的问题后，接下来就要考虑“如何教”的问题。因此，需要选择场地、器材，并对其进行合理的布局；需要选

择活动内容，并对各活动内容服务主教材教学的情况进行规划，如每个活动内容所占的时间、活动次数等。也就是说，从总体来看，准备部分、基本部分和结束部分分别选择什么样的活动内容和组织形式。如何突出时效性和创新性等问题也是在选择和布局阶段应该考虑的内容。因此，需要做好教学流程、场地器材布置、安全隐患防范等规划工作。

（3）编写与再现阶段：清晰表述，再现反馈

进行体育教学设计，只是想清楚还不能达到理想的效果，同时还需要写清楚。写清楚，实际上是要体现体育教学设计的结果。是否已经写清楚了，我们既可以从整个教学设计的全部内容来看，也可以从教案上得以验证，如果教案存在这样或那样的问题，会直接反映教学设计缺乏清晰的思路。除此之外，在以上环节都完成后，并不能算是体育教学设计工作全部结束，而是有必要对设计的课堂教学各主要环节加以自述，反馈设计合理与否。可以运用头脑再现法，也就是用想象式的再现，还可以运用自言自语的方式，做一个完整的或部分的自述。只有通过这些环节进一步验证后的教学设计才是完整的或相对合理的体育教学设计。

看课有很多视角，也有很多需要看的内容，就看体育教学设计而言，视角是多元的，方法是多样的。在能够看出门道的同时，了解体育教学设计的方法更是重中之重，因为看课的最终目的是掌握规范设计的方法。不同的课有不同的设计思路与方法，不同的教师有不同的设计能力与技巧，通过看常态课与观摩课、新授课与复习课、田径课与球类课等不同类型的课，看课者可以从不同的角度灵活掌握不同类型体育课的设计方法。

下面对如何看体育教学设计的水平做一简单归纳：

看体育教学设计的水平

教学设计要把握，　人和物事不放过；
看课了解合理性，　要素规范思路清；
计划设计有不同，　设计教案也不等；
备课过程区分做，　精心设计不要错；

“跪跳起”课是典型， 创新合理效果明；
大小视角要有序， 整体细节有考虑。

二、看体育教学中的真问题

几乎任何一节体育课，无论是常态课还是观摩课，都或多或少地会有一些问题，有的课问题突出，有的课问题较隐蔽。对于看课者而言，只要把握技巧，总能从中看出教学问题。然而，就看同一节课而言，有的人能看出问题，有的人看不出问题；就问题的数量而言，有人看到的问题多，有人却看到的少；从看问题的深度方面，有人能看到深层次问题，有人看到的却很表浅；所看到的问题中，有的可能是真问题，有的却是假问题。那么，怎样才能看出真的、更多的、更深入的问题呢？到底什么是体育教学问题？体育教学中会有哪些教学问题？如何在看课过程中发现这些问题？下面做进一步论述。

（一）体育教学问题的界定

就体育教学而言，有可能存在这样或那样的问题以及干扰项，但哪些教学事件或情节能够被界定为问题呢？实际上，体育教学问题可以理解为“在体育教学过程中出现的影响教学效果的异常现象或存在瑕疵的教学情节”。这些现象或情节在一定程度上或多或少地都会对教学效果产生一定的负面影响，需要采取一定的措施加以改进。体育教学问题有大有小，负面效应也有深有浅，问题的来源也比较复杂，归属各不相同。因此，要探寻体育教学问题以及找到解决问题的策略需要做出一番努力，需要掌握有效发现问题和解决问题的方法与技巧。

体育教学中有时还会出现一些干扰项，当然，问题不一定都是干扰项，但称为教学干扰项的一定是有问题的。干扰项主要是指“对正常教学秩序起干扰作用的事项或环节”。干扰项的确定有多个层面，从时间上看，是一种浪费现象；从内容上看，是一种多余现象；从空间上看，是一种混乱现象。因此，体育教学的干扰项也需要及时消除。

（二）看体育教学问题的若干视角

看体育课上是否存在问题或干扰项，可以从多个视角切入，如从时间切入、内容切入、方法切入、场地器材的使用切入、师生关系的把握切入、学生的学习表现切入、教师的讲解示范效果切入等。也就是说，如果想探寻体育教学过程中是否真正存在问题、问题的大小，有无干扰项、干扰项的影响程度等，都可以从以下视角去观察。

1. 从时间切入看体育教学问题

体育教学的时间，无论是小学的 40 分钟，还是中学的 45 分钟，都可以将其划分为准备部分 8~10 分钟，基本部分 25~30 分钟，结束部分 5~8 分钟。除此之外，每个部分的各项活动也都有相应的时间分配。从时间切入看体育教学是否存在不合理现象时，首先是看各部分的时间能否得到保证，其次是看每项活动内容的时间安排是否合理有效。如一节中学体育观摩课，所记录到的课的总时间仅有 37 分钟，显然从时间的安排来看是有问题的，是一节教学总时间不足的体育课。进一步记录各部分的时间发现，准备部分和结束部分的时间都很仓促。其中，准备部分从集合整队到准备活动结束，只有 5 分钟；结束部分用了 3 分钟时间，放松活动极其简单，几乎达不到放松的目的。因此，就时间上看，存在各部分时间分配不合理的现象。另外，从时间切入，还可以看时间利用的合理性，如是否是在有限的时间内安排了最有效的教学活动等。

2. 从内容切入看体育教学问题

内容是体育教学的关键要素之一，如果没有内容，体育教学工作就无法开展，而且，体育教学中的内容并非都仅为一项，有时会出现两项以上的内容。如主教材学习篮球单手肩上投篮，辅助教材为跳绳。从内容切入的角度看课，要关注以下问题：两种教材的内容搭配与时间分配是否合理，体育课上是否选择有不适当的教材内容，在教学中器材的安全性是否缺乏周密的考虑和有无预防措施；体育课的教学方法是否与内容本身相匹配，重难点是否突出并有所强调；学生对内容是否感兴趣，参与该项内容的学习是否有积极性；某项内容所需器材是否到位，所需场地是否得到了满足；等等。如篮球运球课，全班有 60 名学生，仅有 10 个篮球，这样的内容因器材不足其目标就不太容易制定和实现，本来需要 2 节课掌握运球技术的，或许就需要三四节课才能达成。因此，内容本身有可能会存在问题，与内容相关联的条件不具备的话，教学内容也难以在课堂上得到很好的落实。

3. 从方法切入看体育教学问题

在体育教学过程中，不但有教师的教法，还有学生的学法，更有教师对学生的学法指导法，但学法与学法指导法很容易被教师忽略，二者却又十分重要，在一定程度上起着关键性作用。在教学过程中，尽管教师运用了好的教法，学生若不能主动地学习，没有与之对应的有效学法，教法也很难达到理想的效果，尤其是缺乏学法指导的课堂，学生的学法更加茫然，因此，仅仅考虑教法是不够全面的。基于此，在看课的时候，需要在了解教师教法的基础上，不可忽视学生的学法，在教学活动中，学生的学法在一定程度上对改进教法起着重要的反馈作用。也就是说，教师可以根据学生在课堂上的学法来调整教法。在看课时，需要看课者综合把握学生的学法。例如，当教师做篮球投篮示范的时候，由于没有事先告诉学生如何观察示范动作细节，结果几乎所有的学生从教师示范的开始，就已经把目光集中在篮筐上了，等待观察教师是否把篮球投中。无论任课教师的示范动作是否标准，也无论该教师在示范过程中能否将篮球投进，一旦出现学生统一观察篮筐的现象，就说明教师“不会教”，也说明学生“不会学”。因为教师没有指导学生如何观察，结果学生不会观察，如果教师投篮未中的话，导致学生既没有看到教师是如何做的示范，又没有看到期待的投中结果，难以产生跃跃欲试的感觉。因此，教学方法是否有问题，要从三个方面来看，即教法、学法、学法指导法，三者缺一不可。教师依据学法调整教法，学生的学法主要是对教法的内化，学法指导法能在有效教法与有效学法之间起到桥梁和纽带的作用。

4. 从场地器材切入看体育教学问题

常言说："巧妇难为无米之炊。"但有时候，即便是有了场地器材，依然会在体育教学过程中存在这样或那样的问题。通过看课，看课者要了解场地器材可能存在的问题，既需要看场地器材本身的数量是否充足，质量是否过硬，安全隐患是否有防范措施，还需要看场地器材的布局是否合理、经济、有效，可移动、需移动的器材的移动过程是否合理，在移动过程中存在什么问题，上课过程中是否存在对场地器材的损坏现象，如果存在是否能及时制止，等等。例如，某学校的一些篮球有破旧翘皮现象，有的学生在上课过程中会用手提起篮球上的即将脱落的球皮，这样会加速篮球的破损，看似很小的现象，实际上也属器材妥善利用问题，要禁止学生提球皮，但往往有些教师并没有及时制止。场地器材所反映的种种问题往往直接影响教学效果，还有可能存在较多的安全隐患，甚至出现安全事故。场地器材的问题可能大也可能小，可能多也可能少，但问题在于，要想看出场地器材的问题是需要具有一定洞察力和分析判断能力的。看课者不但要分析场地器材使用情况，而且要能够与教材、学生情况等协同分析，只有这样，场地器材最关键的问题才能被发觉，并找到解决的有效办法。

5. 从师生关系切入看体育教学问题

在体育教学过程中，师生关系始终处于被关注的焦点，因为教学活动呈现的是师生教与学的双边互动，这种互动的双边性随时随处都离不开师生的协同；否则，体育教学就难以实现。因此，对于看课者而言，完全可以从师生关系方面看体育教学中存在的问题及其原因。如看教师讲解的时候，学生都在干什么（见图 2-1-5），有多少学生认真听

图 2-1-5　教师讲解过程中学生的听讲状态

讲。如果没有太多学生认真听讲，本身就反映一定的问题，或是教师自身讲解水平的问题，或是教师在讲解之前未能指导学生如何听讲的问题，或是学生自身对该项内容的学习不感兴趣，或是体育教学外部环境造成的干扰问题等。无论是什么原因，从学生不能配合教师认真听讲这个现象来看，作为一类问题，需要我们多方面查找原因，以便找到解决问题的策略。当然，示范过程中学生的学习表现也不容忽视，因为，我们从中可以看到，学生在教师示范时从表情到行动的各种变化，是对成功示范和失败示范的不同反应。另外，有时候教学中安排的游戏、比赛等活动需要教师参与其中，这样学生参与的积极性才更高，但往往有些教师很难做到这样。

新课改以后，出现的最为突出的师生问题，就是主导作用和主体作用的关系处理不当。新课改后的体育课堂，有些过于强调学生的主体地位，结果出现一系列更大的问题，曾出现过只表扬不批评的课堂等，即有些体育课上，学生即便是犯了错，有的教师也不再批评学生了。实际上，这是一种错误的处理方法。教学中教师与学生的关系处理不当，将会不同程度地影响教学的有效性。

6. 从学生的学习表现切入看体育教学问题

学生在体育课堂上的表现，不但能反映教学的效果，而且能反映学生对体育课的认识，并直接影响自身发展的有效性。如果从学生的学习表现切入，看体育教学是否存在问题，我们需要透过现象看本质，如长跑课上见习的学生较多（如图 2-1-6，大课间长跑时，十几个学生见习不跑），体操课上见习的学生依然存在（如图 2-1-7，体操技巧课上，两个女生见习，在一旁聊天），到了男生喜爱的球类运动，女生喜爱的健美操运动，见习人数却明显减少，这种现象反映学生的课堂表现与教学内容有直接的关联性。

另外，体育教学中，不同的运动都有可能出现偷懒的学生，学生在体育教学中不练习而偷懒，本身就是问题，但为什么会偷懒，需要我们从偷懒的各种现象中分析其背后的原因。例如，长跑课上少跑一圈或两圈，或插道跑小圈；短跑课上不愿跑快，未按教师要求的速度练习；跳绳课上总是比别人

图 2-1-6　大课间长跑时见习的学生

图 2-1-7　体操课上见习的学生

跳得慢，且间歇时间长等。这些看似偷懒的现象，实际上是学生的学习不积极主动的问题，这样的状态若长期存在，会加大组织的难度。除此之外，在体育教学过程中，还容易出现学生调皮捣蛋的现象，如故意提一些刁钻问题为难老师，或老师在讲解示范时大声喧哗扰乱课堂纪律，影响其他学生听讲，或练习活动中不但不练习，还妨碍其他学生正常练习等。诸如这些表现，都是看课时不可忽视的教学问题。

7. 从教师的讲解示范切入看体育教学问题

教师在体育教学中几乎都要用到讲解与示范，但并非所有的讲解与示范都很有效，因此，需要看课者从该视角观察教师在讲解与示范过程中存在的若干问题。首先，从讲解与示范的正确性方面来看，确保讲解示范正确无误是体育教师良好基本功的体现，要想在看课过程中能够准确判断任课教师讲解示范是否符合其基本标准，需要看课者熟练掌握所看技术的动作要领，否则就难以做出正确判断。其次，看讲解示范是否存在方法问题，如有些技术学习需要先讲解后示范，有些需要先示范后讲解，还有的需要边讲解边示范，有时根据需要，还要进行多次讲解与示范。讲解示范呈现的顺序不同，教学效果也会有一定的差异性，如果顺序有所颠倒，有可能影响到教与学的整体效果。同时，讲解示范的顺序也是由技术本身的特点和性质所决定的，因此，看课者观察讲解示范的顺序至关重要。再次，讲解示范的效果是否会因为教师在讲解时的声音大小、语速快慢等导致学生不能正确获取讲解信息，是否有因教师的示范面选择不恰当、示范距离过远或过近、示范提示语缺乏而未能达到理想的示范效果。最后，通过看讲解示范，还可以观察在讲解示范的时候有无外界因素的干扰，如讲解示范时，部分学生因对另一个班级的教学内容更感兴趣，而出现课堂溜号现象。这一现象说明有某一事件干扰到了讲解示范的效果。

图 2-1-8 所示的是，一节跆拳道课上，教师在讲解时，由于受其他班级上课的干扰，而出现多数学生听讲注意力不集中现象。

图 2-1-8　跆拳道课上学生听讲溜号现象

由此可以看出，教师的讲解示范有无问题，需要看课者认真分析判断，同时，问题的来源也是多元的，有教师自身的讲解示范水平问题、有学生的配合问题、有外界因素干扰的问题，还有可能是受目标或突发事件影响的问题等。但无论何种原因，也无论问题大小或多少，看课者都可以通过认真看讲解示范环节捕捉到这些问题。

除此之外，要想更充分地了解体育教学中存在的问题，还有很多视角，如从教学语言的角度、处理突发事件的角度、各教学环节之间的连贯性角度、目标的初始状态到目标的达成状态的过程把握角度、教学的某一部分（如基本部分）学生参与的积极性角度等，都可以观察并发现有无问题，以及问题产生的根源。

（三）个案分析看体育教学问题的步骤与方法

能否看出体育教学问题，受教师教育教学能力高低的影响，同时，看课的方法步骤是否正确与合理，对能否看出真问题也起着决定性作用。下面运用个案分析阐述看课探寻体育教学问题的步骤与方法。

1. 从“讲解距离”看体育教学问题的步骤与方法

案例 1：讲解站位过远的后滚翻教学

【案例描述】 这是一节体育观摩课，教学内容是后滚翻。基本部分教学的时候，学生被带到事先摆放好的 4 排间隔有一定距离的垫子前蹲立，任课教师站在距离学生 15 米左右事先放好的向上倾斜且画有后滚翻图解的图板前，开始讲解后滚翻动作要领和方法。此时，任课教师或许已经意识到了学生因距离较远、位置较低而难以看清讲解内容，于是，他说：“看不见的同学可以往前面来一下。”但学生们对这样的提示语并无任何反应，而且，大都低头准备做后滚翻动作，教师也未进一步确认究竟学生们是否看清了图板上的内容。在讲解中，教师只是自言自语地讲，学生则是低头蹲立着听，有些学生在教师讲解的全过程中都没有抬头看一眼图板，更没有看到图板上写的、画的是什么内容，师生在此出现了配合上的问题。可想而知，这样的讲解和听讲过程难以达到预期的效果。

【案例分析】 体育课上，教师时时处处都有可能讲解，有集中统一的讲解，有分组指导的讲解，但无论采取何种方式，都需要达到理想的讲解效果。学生不但需要听清教师讲了什么，还要理解所讲内容，并掌握动作方法。但上述案例未能达到理想的效果，其主要原因是图板距离学生太远。学生既看不清老师讲的是什么，也难以听清讲到哪儿了，结果才会出现师生在讲解环节配合不够默契的现象。

【步骤与方法】 看讲解是否存在问题，第一，看教师是在哪儿讲的，位置是否合理；第二，看教师是对谁讲的，是全班学生、某一组学生，还是个别学生，语音语调是否有必要的变化；第三，要认真听教师讲的内容是什么，讲解是否正确，有哪些技巧；第四，要观察教师讲解过程中学生的表现，大约有多少学生在看、在听，有多少学生溜号了，为什么溜号，是教师讲解自身水平能力所限，还是外界干扰，等等。如果看课者能够及时发现讲解中存在的问题，并加以总结与分析，才能不断提高看课水平，也能提高自己在教学中的讲解能力，更好地把握讲解的技巧。

2. 从“示范位置”看体育教学问题的步骤与方法

案例 2：示范站位不当的实心球教学

【案例描述】 这是一节初中二年级的实心球课。教师把学生集中在一起，讲解完实心球技术要领后，把学生分成对面站立的两排，并分散开来，教师站在其中一队的排头位置，同队站立的学生此时每人拿一实心球蹲立做好准备。教师蹲在排头位置做了一次“后抛实心球”示范，和教师同一队站立的学生似乎都没有看教师的示范，此时此刻，即便是看示范，也难以看清示范的过程与结果，因为与教师并列一排站着，不便于观察（见图 2-1-9）。教师示范一次以后，未考虑到学生是否已经看清了示范，就开始让学生一排一排地练习。

图 2-1-9　站位不当的实心球示范

【案例分析】 作为一节实心球课，无论后抛实心球对于初二学生是否有难度，既然教师做了示范，就应该考虑示范的有效性。本案例中这样的示范方法显然是不可取的，示范的时候需要考虑全体学生的观察便利性，也就是说，要考虑学生能否看到示范、能否看清示范，否则，示范就失去了意义。那么，看课者如何从示范方面看出是否存在问题，以及问题的大小呢？下面谈一谈具体的步骤与方法。

【步骤与方法】 看示范时，第一，看教师要做什么示范，该示范需要什么样的示范位置；第二，看教师的示范位置与示范面是否正确；第三，看教师的示范动作是否正确；第四，看教师的示范有没有给学生带来负面影响，通过学生的反应观察了解示范效果；第五，看教师在示范前是否给学生提出了明确的观察要求。除此之外，通过看学生观看示范时的反应，推测示范的合理性问题。如有学生在教师示范的时候踮起脚尖看示范，考虑是不是学生的组织队形有问题；又如，待教师篮球传接球示范结束后，有学生质疑教师的示范动作，或许是教师的示范有误；等等。在看课的时候，如果这些方面都能较好地把握，对于示范方面的问题就能全面宏观地把握了。

3. 从“评价时机”看体育教学问题的步骤与方法

案例 3：干扰主教材学习的箱上前滚翻评价

【案例描述】 这是一节小学四年级的箱上前滚翻课。当示范完后，教师组织学生做箱上前滚翻练习，练习几分钟后，接着组织学生边练习边做自我评价，评价时机是学生在同伴保护与帮助下完成箱上前滚翻后，快速跑到前面事先在垫子上放好的评价表上做自我评价，评完后返回，后面的同学照做。每一组学生都完成动作后，各组分别集中，并在本组的评价表上做组内互评，如图 2–1–10 所示。

图 2–1–10　自评互评干扰项

【案例分析】 新课改要求加强过程性评价，因此，有些课堂上就加入了自评、互评环节。但是，有很多评价方式与相邻教学环节的衔接存在一定的问题，尤其是本案例，自评的时候，学生为了评价，难以确保认真完成动作，有的滚翻后，脚没站稳就急急忙忙跑到评价表那里进行评价。可以看出，评价的加入使得正常的练习受到了影响，如果不能认真完成动作或保证不了练习质量的话，评价的加入是不妥的。另外，小组内的互评，由于在练习过程中尚未安排学生观察同伴的动作，也没有提供评价标准，结果在组内互评时学生很难客观准确地评出哪个同学动作完成的质量好或差。因此，是否加入评价，评价方式如何选择都至关重要。那么，如何看评价查找教学问题呢？

【步骤与方法】 看评价的加入是否存在问题，要从以下角度切入。第一，要看课的教学内容是什么，看是否需要在教学过程中进行评价，需要什么样的评价；第二，要看评价主体，是教师对学生进行评价还是需要学生自我评价，或学生互相评价；第三，评价的时机是如何把握的，评价时机不同，评价的效果也会有一定的差异性；第四，要看评价的内容与时间，评价活动占用课的时间多长，评价的内容是什么，评价表的设计是否合理；第五，要看有没有评价的标准，或者学生知不知道如何评价，这对评价的效果起着关键性作用；第六，要看评价的效果，要观察评价过程中和评价后学生的反应、在评价中学生参与的积极性、评价后学生的情绪表现，如果评价的内容、时机、效果等都非常理想，可以判断该评价是适宜的、有效的，否则，可能属于干扰性评价。

在体育教学过程中，有时存在一定的问题，即便是优秀课例，也有可能在某方面有待改进和提高。但是，能否看出问题，问题的影响程度能否切实把握准确，是衡量一位教师看课水平高低的标准之一。但是，仅仅能看出问题还不能算是已经完成了看课的任务，会看者不但能及时看出问题，以及看出更多、更深的问题，还能通过问题所反映出的现象分析其本质，判断其根源，以及找到解决问题的策略。

对看体育教学中的真问题归纳如下：

看体育教学中的真问题

体育教学问题多， 视角不同分开说；
时间安排巧分合， 教学内容看选择；
方法把握有效性， 场地器材合理用；
师生关系处理好， 主导主体不颠倒；
学生学习表现好， 偷懒捣乱少不了；
讲解示范问题明， 位置选择看可行；
看课抓住关键点， 真假问题有分辨。

三、看体育教学中的闪光点

体育课，无论是好的还是差的，或是一般的体育课，都会呈现自身的特点，部分好的体育课或多或少地会有能够让人眼前一亮的特点，这样的特点可以归纳为亮点或闪光点。看体育教学不但能够看出问题与干扰项，而且通过认真观察和分析，还能够总结课所反映的特点，如果有一个或多个亮点，也能够通过看课发现这些亮点。关键在于，如何通过看课总结出课所具有的特点和发现亮点呢？下面从多个视角讨论观察与总结特点与亮点的方略。

（一）体育课的特点

1. 内容的选择不同导致特点各异

体育教学活动，当内容不同的时候，会表现不同的特点。我们通过大量的看课活动并认真观察发现，简单且熟知的内容学习，学生积极性并不是很高；不太简单，但难度不大的内容学习，学生积极性稍有提高；有一定难度且日常生活中不常见到的内容学习，无论是从听讲、观察环节，还是学生自主练习环节，都表现出了较积极的现象。也就是说，学生对简单且日常动作技能的学习，会出现消极、被动的学习行为；相反，对于那些有一定难度，也就是说，学生通过努力或克服一定的身体或心理障碍才能掌握的运动技能的学习，因好奇或因愿意接受挑战，往往表现出了积极、主动的一面。因此，我们可以从内容的难易度上来分析体育课所表现出来的特点，即从会与不会有明显区别、会与不会没有明显区别、中间型这三种难度类型的课来分析判断。

除此之外，就内容而言，还可以从不同项目类型上来观察与分析。我们通过看各种项目内容的课会发现，除不同的性别群体对项目类型的兴趣点有所不同外，相同的性别群体，如男生或女生在对项目类型的兴趣点上也会有一定的差异性。因此，我们会看到，学生在体育课上的学习行为表现并非完全相同，有的很积极、主动，有的却自始至终都表现出消极、被动的状态。当然，学生在体育课上的不同表现，也会受其他诸多因素的影响，当我们在进一步调查中发现，学生确实存在对教学内容喜好不同的倾向性。

2. 方法的运用不同导致特点各异

体育教学无论内容是否相同，都可以采取不同的方法组织教学活动。如有的内容教学适合于探究学习方式，有的内容适合采用领会教学法，还有的内容选择传统的“讲解—听讲、示范—观察、指导—练习”方式完成教学活动。总之，从方法来看，选取不同方法的课会有不同的特点呈现。至于不同的教学方式方法所体现的特点差异性，需要我们认真观察并加以总结。如两节同样用探究学习的体育课，一节是任课教师事先提出问题，让学生在课堂上寻找答案。在形式上，采用了分组讨论，并呈现了“分散—集中—再分散—再集中”的反复“扎堆式”的探究，而且，由于学生的分散讨论的时间很短，几乎不能对该问题有一个相对全面而深入的思考，因此，这样的教学活动，尽管也采用的是探究学习，但表现出的特点是“过于形式化”，这种形式化的探究学习既不能培养学生的探究能力，也难以在探究学习过程中探寻到理想的答案。另一节课，教师没有事先给学生们提出需要探究的问题，而是学生在课堂上自发地探究学习。如一节排球课，教师讲解示范后，让学生们两人一组练习正面上手传球，课堂上出现了一组学生与大家不一样站位的传球练习方式。

图 2-1-11 所示的高低站位的传球练习，反映的是两个学生对“不同高度站位的传球能否持续更久，连续传球的次数是否能够更多些”等问题的探究。因为，两位学生在同样高度站位传球练习时连续传球的次数较少，也就是说，传一两个来回，球就无法连续再传下去，就会掉到地上，练习被中断。通过观察和分析发现，原来站在高处的那名学生身材较矮小，而另一名学生相对较高，这种学习方法，明显是有实效性的探究，

图 2-1-11　高低站位传球练习

也就是说是真正意义上的探究学习。但遗憾的是，这两名学生的探究学习并没有引起任课教师的关注，课结束以后，在与该任课教师的交流中发现，他对此形式的探究学习一无所知。

3. 组织要求不同导致特点各异

任何一节体育课中，我们都可以看出有各自的组织方式和学习要求，即便是同样内容的课，因组织形式与提出的学习要求不同，也会呈现不同的特点。如篮球课单手肩上投篮，有的教师按照先讲解、示范，后指导学生徒手、有球模仿练习，再分组按一定秩序对着篮架练习，按部就班地组织教学活动。而有的教师讲解示范后，解散让学生自由结合自主练习，教师巡回指导。还有的教师未先讲解示范，而是直接每人一球，去体验原地投篮动作，然后让学生在体验后提出问题，如“我怎么一次都投不进”、“我每次都撞到篮板了，但都未能弹入篮筐”、“我是不是力量太小了点”等，教师随后根据学生提出的问题组织讲解，总结投篮不中的诸多原因和提出解决办法，介绍正确的动作要领，并提出观察要求，进行动作示范，再让学生自由练习，进一步体验动作。如此反复多次，完成了一节单手肩上投篮课的教学。还有的教师在准备活动结束后就组织学生分四队在两个篮球场上打比赛，完成 5 分钟比赛实战后，教师组织学生讨论，并提出若干问题，让学生们思考，诸如“你们认为比赛中决定胜负的最关键的技术是什么”等，学生根据刚才的体验和观察，有回答运球、传球的，有回答投篮的，还有回答队员之间配合的等。教师分析了学生们回答的内容，并最后指出，如果每一个队员在场上都能有娴熟的运球、传球技术，假如未能掌握准确的投篮技术，不具备在赛场上的投篮技能的话，即便是有 N 多次的投篮机会也难以取胜。因此，篮球比赛，不但需要队员之间的密切配合，每一个队员需要掌握基本的运球、传接球技术，更要练就投篮的真功夫，否则，很难在比赛中获胜。这种教学组织方式，完全是从学生的体验、学生需求开始的，从而促进了学生的学习积极性，培养了学生基于问题自主学习的能力，因此，组织方式不同，所反映的教学特点也会各有不同。很显然，从需要的角度考虑教学组织形式的话，更能激发和调动学生学习的兴趣和积极性、主动性。就看课而言，在能够看出各种组织形式教学特点的同时，要能够吸取经验，改进自身的教学，这才是一线教师看课的核心价值所在。

（二）体育课的亮点

任何一节体育课都具有自身的特点，但并非所有的课都有亮点。亮点从感觉上看，是在看课的过程中，突然让你眼前一亮，有的是语言、有的是动作、有的是器材的运用、有的是练习方式等。如有位老师，他在教学生前滚翻的时候，让学生“低头看天”，让大多数看课者眼前一亮，马上就会在大脑中打出若干个为什么：“低头能看到天吗”、“怎么才能在低头的时候看到天”、“为什么要采用低头看天的方式引导学生学习前滚翻”等。结果发现，这种让学生“低头看天”的教学，确实是亮点，因为这种教学组织方式，起到了激发学生学习枯燥无味的前滚翻技巧的兴趣问题，还起到了让学生快速掌握低头团身的技术动作要领。无论是哪一方面，都让你感受到了与众不同。作为有亮点的教学环节，或多或少地会表现一定的创新设计，而且，这种有创意的设计往往会给看课者较大的收获或启发。这种收获和启发，体现了课的观摩价值，但令人遗憾的是，具有明显亮点的体育课大多出现在观摩课或评优课上，进一步说是通过“做课”充分准备的结果，而较少出现在常态课中。基于此，如果想获取更多的亮点，建议多观看观摩课或评优课。但问题在于，如何才能在看课过程中发现特点和亮点？下面对这个问题展开讨论。

（三）看课与分析体育课特点的视角与方法

在看课并分析体育课特点的时候，会有若干个视角，而且，也会采用不同的方法总结其特点，下面介绍几种常用的视角与方法。

1. 从开始到结束的“整体性”看特点法

任何一节体育课，无论是小学的还是中学的，也无论是何种内容的体育课，都应该是结构完整的，从开始部分的集合整队，到结束部分的收还器材，各个环节都不可少。缺少常规也好，缺少教与学的环节也好，都不能称其为完整的体育课。

凡是完整的体育课堂，我们都可以从开始部分看起，按照时间的顺序，观察了解各时间段安排的教学环节，连续性看完以后，综合概括本节课所表现的特点有哪些，以及有别于其他课的突出特点是什么。如时间的利用上，每一个环节，环环相扣，看不出明显的接点，非常流畅，显现不出有时间上的浪费现象，因此，可以将此称为“无缝隙性组织”。又如，从课的各部分内容的安排上，表现了准备活动、放松活动与基本部分主教材的学习关系非常密切，具有明显的针对性，也就是说，可以归纳内容一致性的特点等。

2. 分析教学专题的“局部性”看特点法

很多时候，我们看体育课，往往都会看完整的一节课，但是在专题研究课的时候，往往会以某一专项活动为主来观看，并总结分析所表现的特点。这就要求看课者根据需要重点把握。如想分析了解体育教师讲解示范环节，无论是想发现问题，还是想总结讲解示范的经验，都可以重点对教师在体育课上讲解、示范的具体表现形式与方法进行有针对性地听与看。当然，在看课过程中，或许某一节课或多节课并未发现突出的特点或突出的问题，而是普普通通的教学组织形式。但是，我们从分析特点的角度来看的话，即便是没有独特性，也可以将常规中的细微差异归纳出来。也就是说，大体上相同的，只是看细节的不同。如尽管都是讲解动作要领与示范运动技术，不同的教师采取的顺序不同，有的采用先讲解后示范，有的采用先示范后讲解，还有的采用边讲解边示范的方式。除此之外，就讲解示范而言，有的在讲解示范前未对学生提出任何特殊的要求，而有的教师略有提及，还有个别教师，较为认真、详细地进行了学法指导。显然，不同的讲解示范方法，学生所获取的信息会产生一定的差异性。就讲解示范前有无具体的学法指导而言，我们可以将其分为“明确指导型”、“略微指导型”和“无指导型”三种表现形式。假如我们从听讲和观察的效果来看，对于那些有指导的、效果明显的听讲与观察，可以归纳为“高效讲解示范型”和“低效讲解示范型”两种。因此，可以从专题出发，分析体育课某一教学专题活动所表现出的不同特点。只有从所看的体育课上总结出课的特点，才能更有效地把握体育课堂。

（四）看课与分析体育课亮点的视角与方法

在看体育课的时候，发现亮点与总结特点有一定的关联性、互通性，但不完全是一回事，因为亮点并非每节课都有，亮点的发现不是人人都能做到，有无亮点和能否发现亮点在一定程度上，是教师的教学水平和教师的观察判断能力的集中体现。当然，看亮点的视角与方法也与一般常规看课略有不同，笔者大体上将其分为“有意”和“无意”两种看亮点的方法。两种看亮点的结果都能让看课者感觉到眼前一亮，“有意”看是在看课前就把看亮点当作目的，而“无意”看是在看课过程中无意之中获取，如同收获了意外惊喜一样。具体看法分述如下。

1. 整体性无意看亮点法

整体性地看课所获取的亮点，往往具有无意识性，也就是说，如同前文所述是属于意外收获。当然，这种亮点的收获，也取决于看的水平和认真程度，因为有时候亮点有可能仅仅由教师的一句教学语言而引发，如果不是十分认真或倍加关注每一个教学细节的话，就很有可能漏掉这些信息，难以收获亮点。也就是说，看课的时候，只有整体中有部分、全局中有细节地看，才能不遗漏细节中的亮点。当然，有时候亮点源于整体的设计，等到课全部看完以后，才会豁然开朗，有“原来如此”的感觉。无论是在细节中还是在把握全局中发现的亮点，都源于任课教师的精心策划和课前的有创意的设计，而不是凭空而来的意外的效果。因此，对于上课者而言，为了上出有亮点的课，需要课前在教学设计环节多下功夫；对于看课者而言，为了能看出课上的亮点，需要在看课过程中，不放弃任何一个细小环节，哪怕只是教师的一句教学语言或教学中的一个练习方法，也需要在看课过程中，开动脑筋，边看边思考，除了看到“是什么”，还要能够判断“怎么样”，更要能够认真思考分析“为什么”，只有这样，才能更好地感知亮点的独特价值。

2. 专题性有意看亮点法

除了在一般意义上的看课过程中收获亮点，还应该掌握专题性有意看亮点的方法。因为有些研究者想就某一专题获取经验，而经验并非时时处处都要通过直接经验获得，很多时候可以获得一些间接经验，同样能够对自我教育教学能力的提高、某项专题研究或理论构建提供有价值的参考。如要想研究学生的学法，我们可以观察与记录课上学生所有的学习行为表现，及时捕捉学生在学习活动中的特殊表现。当然，这些特殊表现有些是教师课前经过精心设计的，而有些是学生在学习中自发产生的，因为学法的来源，一方面源于教师的正确引导，另一方面源于学生对教法的内化，还有很重要的一方面，即体育课上又常常被忽视的一点就是学生的自主性学法。无论学生的学法源于何处，当我们看课的时候，把精力集中在有特殊表现的学生身上，就能够获得一般人难以收获到的亮点。如前文中所提到的“高低站位传球”的一组学生的探究学习，当课后与任课教师交流的时候，教师却显得很意外。这足以说明，学生自主性的探究学习方式，并非任课教师课前所设计，它甚至被任课教师忽略了。还有就是，并非所有的看课者都看到了这样的场面。因此，看课收获亮点，只要是从专题出发，就更加要求看课者具有敏锐的洞察力和分析判断能力，能够把潜在的亮点，通过有效的途径搞清楚弄明白。如当教师发现这样站位的传球练习但又不明白为什么的时候，就需要进一步询问学生，或在课堂练习中，或在练习结束后，或是在课后与学生交流来获得更多的信息，以提高观课准确性。

看课看什么？怎么看？这些问题不但困扰着看课者，影响其看课计划与行动的有效实施，而且，看课者会发现，总结特点和发现亮点更加重要和困难。其重要性在于，只有通过看课总结出每一节课的特点和亮点，才能更加有效地组织体育教学活动；其困难在于，只是积极主动地看课，而不掌握看课的方法和技巧，很难在看课过程中通过各环节的具体情况总结课的特点，以及在有意或无意看课中发现亮点。总之，看课并不难，难就难在是否会看课，能否看出门道。

关于如何看体育教学中的闪光点，进一步归纳如下：

看体育教学中的闪光点

体育教学闪光点，　特点亮点有分辨；
特点几乎课课在，　亮点跟随好课来；
特点归纳视角多，　内容方法分类说；
组织要求特点明，　归纳总结能分层；
亮点关键有感觉，　眼前一亮很明确；
场地布置亮点有，　完善练习不发愁；
语言运用感觉好，　听讲效果常能保；
方法手段思路新，　教学效果会紧跟。

第二章　从局部看体育课的方略

从局部看体育课并不意味着只看某一部分或教学中的某一要素，而是在观察全课的基础上，对某一部分重点关注。例如，要看课研究分析教师的教学语言的运用情况是否合理、有效。在看课过程中，就可以对教师的教学语言更加关注，认真听，甚至需要记录的时候，还要能够把教师所说的话原封不动地记录下来，便于后续的分析和讨论。从局部看课，不但要了解局部环节或要素如何定位，更要能够把握看局部的具体方法。

一、看准备活动

体育课的准备部分包含准备活动，准备活动该做什么、怎么做、做成什么样，不但对基本部分有着直接的影响，而且合理的准备活动对主教材内容的学习能起到较大的促进作用。新课改后，准备活动与以前相比，多了什么，少了什么，又变了什么，通过看体育课的准备活动，我们能够了解到其中细微的变化。

（一）看新课改后准备活动的变化

新课改后的准备活动，无论是内容还是形式都发生了一些变化，可以明显地看到，队列队形练习变少了，音乐变多了，活动方式变得更加自主了。

1. 队列队形练习有减少趋势

新课改初期，无论常态课还是观摩课，准备部分中的队列队形练习开始逐渐减少了。经对前三届全国中小学体育教学观摩展示活动的部分教案统计，没有队列队形练习的高达 85%以上。这一现象说明，大部分教师在体育课的开始部分，不再组织队列队形练习，说明淡化了该项练习。而随着课改的不断深入，有些任课教师又开始认识到队列队形练习对学生发展的不可替代性，便逐渐又将队列队形练习放入准备活动部分。实际上，队列队形练习是体育教学的重要组成部分，体育课上合理地组织队列队形练习，不仅有利于提高学生的注意力，还有利于让学生保持正确的身体姿态，促进身体的正常发育，更有利于提高其组织纪律性。因此，队列队形练习少不得，尤其是小学体育课堂更应加强该项练习。

2. 音乐运用有逐渐增多趋势

把音乐引入课堂可以说是比较有价值的做法，不但能够激发学生练习的积极性，而且还能够调节课堂气氛，使课堂更加生动有活力。如准备活动部分，在音乐伴奏下，能够提高学生参与准备活动的积极性，从而达到理想的活动效果。但与此相反，如果出现音乐滥用的现象，不仅不能提高教学的有效性，还会降低学生参与的积极性。如有一节课，因任课教师缺乏对音乐的鉴赏能力，在准备活动——器械操练习时，所选音乐如同催眠曲，学生们做操都无精打采；还有一节篮球课的准备活动熟悉球性的练习，师生各自抱着篮球傻傻地等待长达近 1 分钟的音乐“过门”，浪费了练习时间。诸如此类，在借助音乐丰富课的形式与提高效果的同时，也明显反映出部分教师缺乏一定的音乐素养。

3. 活动方式转变自主活动增多

课改前的准备活动中，教师一般都习惯采用“慢跑、徒手操”、“慢跑、游戏”、“慢跑、徒手操、专门性活动”等组合形式，当然，不免也有个别教师不组织学生做准备活动的错误现象。新课改后，有些准备活动发生了较大的变化，新颖度有所提高，有些不再以过去的慢跑、徒手操为活动内容，而是增加了新颖的游戏或强化了专门性准备活动。然而，通过对大量准备活动形式的分析发现，也有一部分体育课的准备活动，采取了让学生自主活动的方式，甚至在开始部分的课堂常规结束以后，教师就开始让学生解散自由热身。这种自主活动形式，虽然体现了自主，但很有可能在学生自主活动时出现偷懒现象，影响基本部分的学习。因此，准备活动要能够收放自如，既不能统得过死，又不能放得太开。能否达到准备活动的效果，是检验准备活动是否合理的重要标志。

（二）看多种形式的准备活动

看准备活动，需要记录具体的时间与内容，分析其合理性。准备活动是否合理以及是否有亮点？有什么样的亮点？有什么问题？问题产生的根源在哪里？要回答这些问题，就需要有一定的判断能力和方法才能做出准确判断。下面以观摩课为例，分析当前准备活动中存在的若干现象。

1. 无准备活动

▶ 看点一：有无准备活动？

▶ 看点二：准备活动都做了什么？

案例 1：我很棒！

【案例描述】 哨声响起，老师没有让学生集合，而是说："快来，同学们，上课了！""同学们，大家好！"学生围着老师异口同声地说："老师好！"接着老师说："同学们，在上课之前，大家大声地告诉老师，我很棒！"学生齐声说："我很棒！"学生回答完后，老师拍着前面几个学生的背，要求他们挺胸抬头，并引导大家说"我真的很棒"，学生跟着说："我真的很棒！"老师竖起大拇指夸奖学生说："你们真的很棒！"老师又问："同学们看没看过电视上八路军叔叔消灭鬼子的镜头啊？""看过。"学生又一次齐声回答。"谁来告诉老师，八路军叔叔是如何把鬼子炸得人仰马翻的？"学生争抢着说，有的说是用手榴弹，有的说用手雷……于是，老师引出今天要学习的内容——投手榴弹，模仿八路军叔叔看谁的手榴弹投得远。接下来就把学生分成四组，由组长带领体会怎样投得远。于是开始了基本部分的学练内容。在进入基本部分分组练习之前，包括开始部分集合整队在内总共用了 1 分 22 秒。

【案例分析】 该课在基本部分开始之前，总共用 1 分 22 秒，显然从时间上来看是不合理的，而且也没有具体的准备活动内容，显然是不科学的。

只是在基本部分之前用“我很棒”、“我真的很棒”引导学生树立自信。由于未组织学生做准备活动，很容易在基本部分练习中出现关节扭伤或韧带拉伤的现象。

2. 不够安全与口令错误的准备活动

- 看点一：准备活动组织是否安全？
- 看点二：口令是否规范、正确？

案例2：沙瓶操

【案例描述】 上课铃声一响，教师大声说：“hello everyone！”学生齐声回答：“hello teacher！”老师说：“大家往前一点儿。”（依然是没有集合整队）老师接着举起分别拿着“沙瓶”的两只手，走到学生面前摇晃着“沙瓶”说：“声音好听吗？”学生们回答：“好听！”接着老师说：“把声音送给每一个同学，好不好？”学生们回答：“好！”接着，老师带领学生在体育馆大约一个篮球场大的范围内玩起了摇晃“沙瓶”的活动。由于老师事先没有讲任何规则，也没有提具体要求，因此，在活动中，几乎到处可以看到学生摇晃的“沙瓶”有触碰到同伴头部和面部的现象。而整个活动都未能听到一句安全提示的声音，也未采取任何安全防范措施。尽管这次准备活动未发生伤害事故，但安全隐患是比较明显的。

摇晃“沙瓶”把声音送给每个学生的过程中，音乐响起了，老师带领学生边摇边走成四列横队，但是，老师的口令却是“请同学们站成四路横队”，真不知道“四路横队”该怎么站，显然这是一个错误的口令。接着，老师又说“散一散，再散一散”，目的是让学生保持一定的间隔，因为接下来要做“沙瓶操”了。可是，这个时候老师用“散一散，再散一散”的口令来调整“沙瓶操”队形显然是不规范的。当学生站好准备跟着音乐节奏做操的时候，老师发现学生的站位还不是十分理想，于是就又说：“再散一散，孩子们！”接下来，在音乐的伴奏下，老师和大家一起做起了“沙瓶操”。

随后，老师指挥学生“走成四路纵队，走成四个小组”，并安排每组的组长去指定地点拿器械——“小竹圈”，以比赛的形式依次传递发“小竹圈”。然后要求学生带着问题用“小竹圈”套“沙瓶”。第一个问题是：你是怎样玩的，最后玩的效果如何？第二个问题是：你怎样投才能非常准？整个过程安排5分钟。

【案例分析】 从该准备活动案例来看，其优点就是通过“摇晃沙瓶，把声音送给每一个同学”的活动和“沙瓶操”，使学生真正达到了基本部分前的热身，也就是说，从量上看是合理的。同时，看到了从准备活动向基本部分学习的自然过渡，即通过引导学生回想是否玩过套圈，以及让学生带着问题套圈的教学方式，很自然地过渡到了基本部分的学习。当然，该准备活动也存在一些问题，突出表现在缺乏安全提示、口令不够准确或不够规范。任何一节体育课在做操之前，调整队形都会遇到如何将学生合理、有序散开的问题，规范的口令中应该有以某某同学为基准、两臂如何举、向哪个方向看齐（散开）等信息。如“以右排头为基准，前排同学两臂侧平举，其他同学两臂前平举，向右看——齐！向前看”，当然，以中间某某同学为基准，也同样可以散开调整成做操队形。可是在该节课上，任课教师不但喊出了错误口令“四路横队”，而且在调整体操队形的时候喊出了“散一散，再散一散”的不规范口令。

由此可见，该课的准备活动、安全提示要加强，以免出现安全事故；口令下达要准确，以防队形不能及时站到位、多次调整而浪费时间的现象发生。

3. 提问过多练习过少的准备活动

- 看点一：准备活动都提问了什么？
- 看点二：如何组织的准备活动？
- 看点三：准备活动存在的突出问题是什么？

案例 3：你喜欢什么动物？

【案例描述】 这是一节“小动物比本领”小学体育课。一开始上课，教师问：“今天我想问问大家，你们喜欢动物吗？”“喜欢！”“真的？今天老师带你们到动物王国去玩一玩，去乐一乐，你们高兴吗？”“高兴！”“你喜欢什么样的动物呢？”学生举手并回答。一个学生说：“青蛙。”“你可以模仿青蛙跳吗？”于是这个学生走出队列做一次青蛙跳。“动物王国里还有飞的、爬的，你喜欢哪一种呢？”一个学生就上前在地上做了爬行的动作，老师让学生猜一猜是什么动物：“你们想一想，还有什么动物呢？现在模仿它的行走动作。”这时开始组织学生一排一排地学动物蹦蹦跳跳，刚跳一次，有的学生还没有弯下腰跳一下，老师立刻就吹了哨说：“停下来，眼睛看老师，我发现动物王国里只有两种动物，一种是跳的，再有一种，哦，都是跳的，还有没有其他的动物？”于是引导学生做各种各样的动物行走练习，边练边问：“你是什么动物？”“企鹅”……“停下来，今天动物王国里面动物可丰富了，南极的企鹅也来到我们的动物园里，真是不一般。”“同学们想一想，看双脚跳的动物能有几种跳？”“开始！第一种、第二种，还有没有，第三种”“好，停下来，你们都很不错，扮演得非常好，动物王国的动物都非常可爱，大家看，我为每个动物准备了一个家，是用纸盒子准备的家，你们想不想回家？”“想！”“但是大灰狼不一样，它肚子饿了，好想找一点儿食物吃，它来的时候你们就找一个安全的家躲起来，好不好？”“好！”于是，老师从地上捡起一个画有大灰狼头像的纸帽子，戴在一个学生的头上，说：“有没有喜欢扮演老鹰的？”有几个学生同时都举起了手，老师指定一名学生走在队伍前面，做起了模仿老鹰的动作。“老鹰来了，你们都怕不怕呀？”“怕！”……如此教学一直持续了约 5 分钟。

【案例分析】 这样的准备活动是不合理的，因为在整个 5 分钟的时间里，学生根本就没有肢体活动，其中反复出现“停”、“讲”、“问”、“答”、“试”、“练”等毫无意义的教学环节。诸如“喜欢不喜欢？高兴不高兴？想不想?”等一类不需要问的假问题，除了占用练习时间，根本不具有实际的意义。因此，在看准备活动的时候，不但要记录总的准备活动时间，还要能够记下学生真正用于做练习的时间，这部分时间才是有效的准备活动时间。由此看来，该课例的不合理性突出表现在教师让学生停下来说得太多、练得太少，不能真正起到准备活动的作用。

4. 有部分创新的准备活动

▶ 看点一：准备活动做了什么创新?

▶ 看点二：学生在活动中的积极性如何?

案例4：头肩写字操

【案例描述】 准备活动一开始，老师说：“用手可以写字，你们说，用头可不可以写字啊?”“可以!”“下面用头把你的姓名写出来，边写边说出笔画顺序，同时呢，把你的姓名大声说出来，告诉老师。要求写的时候笔画顺序一定要到位，清楚吗?”“清楚!”当老师发出开始的口令后，学生就左右前后转动着头，并嘴里喊着横、竖、撇、捺……“没有写完的要继续，不要停下来，一定要把你的名字写完整了。”由于个别学生的姓名笔画比较多，因此，老师鼓励他们继续写下去。写完之后，学生大声地向老师报告着自己的姓名。“老师来问你们，急救中心的电话号码是多少?” “119!” “119?” “120!”“120，这是我们的生活常识，你们一定要记住。”老师接着要求学生用头书写“120”。学生又开始积极地用头写起来，而且嘴里还不停地喊着“120”。“下面我们加大难度了，两手叉腰，两腿左右开立，用你的双肩写字母‘W’，跟老师一起来，开始!”这时学生跟着老师用双肩写起了字母“W”，甚至有个别学生使尽全身的力气在拼写字母。“再来一次，写出去，写回来。”“实践证明，用头、肩都可以写字，用臀部可不可以写字啊?” “可以!”“大家试一试，写出你的姓名笔画顺序。”全体学生都一起扭动臀部，拼写自己的姓名笔画，嘴里还喊着笔画顺序，写完以后，又一次大声说出自己的姓名。“老师再来问你们，火警的电话号码是多少?”“119!”老师要求学生用臀部写出“119”。接下来，让学生两手扶膝，老师带领学生用双膝写字母“O”，从外向内写，又从内向外写，反复写着……整个写字操活动时间为3分钟。

【案例分析】 有些课的准备活动能让人眼前一亮，无论是口令、内容，还是形式，会让人感受到准备活动有所创新。本节课的准备活动中，教师创编的头、肩、臀、膝等的写字操就是如此。

从该准备活动中头肩写字操的设计来看，老师巧妙地让每个学生用头、臀完成拼写十分熟悉的自己姓名的笔画，并让学生们用头写出“120”、用臀写出“119”、用肩拼写字母“W”、用膝写字母“O”等代替各关节的绕环、伸展等练习。这种练习活动不但充分调动了学生练习的积极性，而且还将生活常识融入课堂教学中。与传统的头肩臀膝等各关节的绕环运动相比有较大的改进，同时也抓住了小学生用身体写字的好奇心，该准备活动既有创新，又达到了身体主要关节充分活动的目的。

5. 完整、合理有效的准备活动

- 看点一：准备活动安排了哪些练习?
- 看点二：准备活动各项练习用了多长时间?
- 看点三：准备活动最突出的亮点是什么?

案例5：跪跳起

【案例描述】 集合整队、师生问好后，老师走到四列横队的学生前面，说：“今天体育课上，老师带大家学习一下跪跳起，后面还有两个特别有意思的小游戏，一会儿学习的时候，老师看看谁掌握得最好，谁最先掌握我们的学习内容。”接下来就进入了队列队形练习的内容，老师喊口令“向右——转”、“向左——转”，学生们跟随老师的口令做着相应的动作转法。然后，老师要求学生报数，报完数后，老师说：“数2的同学请举手，手放下。”以加深学生所报数字的印象。接着发出口令："四列横队成八列横队——走"，学生边做边喊着"1-2-3"的口令完成了转法。根据学生的课堂表现，老师提出要求说"不要看别人，对正你前面的同学"，然后又发出口令"八列横队成四列横队——走"，学生又一次喊着口令完成了队形变换。在此基础上老师提高了难度，说："我们把四列横队变八列横队，再加上向右转，就能够变成八路纵队，就是你们面对的方向发生改变，现在你面对的是老师，一会儿你面对的是篮球筐。"接着发出口令"四列横队成八路纵队——走"，学生转着喊着，"1-2，1-2-3"，完成了该队形变换练习。两次立正、稍息调整队形的口令后，老师又发出口令"八路纵队成四列横队——走"，学生们喊着口令"1-2，1-2-3"，变回到原来的四列横队，如此又反复一次后，结束了队列队形练习。

接着，老师说"两臂侧平举，散开"，然后，让学生一臂向前看齐，调整成体操队形准备做操。第一节肩背运动四个八拍，采用的是师生交替喊拍节的方法完成。老师说"1-2"，学生接着喊"3-4"，以此类推；第二节振臂运动，老师提出要求先"左臂在上"；第三节扩胸运动，老师做了前四拍示范，然后和学生一起做了四个八拍，扩胸过程中，发现学生两臂没有抬平，边喊口令边说"伸平"，以提示学生注意手臂动作；接着，做第四节体侧运动、第五节体转运动、第六节腹背运动；第七节前压腿，左腿在前，要求八拍一换；最后是第八节跳跃运动。

接下来是素质练习，让学生都做一做横叉。要求"前后距离拉开一点，手尽量靠近自己的腿，哪怕伸不直，也要尽力"。老师巡回指导，针对个别学生的柔韧性情况，及时用"好，有进步"，表扬了学生。老师又说："现在我们做素质练习——柔韧性练习，你觉得自己哪方面还应该练习一下，需要加强一下，你可以自己做选择。"于是，学生开始有的下桥、有的劈叉、有的跪地上体后倒做"小元宝"，还有站立侧举腿做"朝天蹬"。老师在巡回指导过程中，边手把手地指导动作，边对个别学生说："你如果做'小元宝'，那么你应该把两腿并齐，肩着地。"

下面又是一个小练习，这时老师开始边讲边示范："跪在地板上，两手向前撑，然后腿离开地面在空中跳过来，看着，伸手——跳过来，要求尽量向远处跳。越高越远，做得就越好，现在同学们统一向左转，一起做双手撑地两腿屈膝前移向远跳的动作。"老师要求每人做三次，把两腿并齐。学生做完以后，老师说："谁觉得自己做得特别好，给大家表演一次。"一名举手的学生被叫到前面，那名学生问："在哪做？"老师说："在前面。"学生做一次后，老师说："下次做得再高一点，很不错。"接着全体学生向后转反方向做几次，老师又找一名做得比较好的学生给大家做了一次。接着要求原来报数的时候数"1"的学生，每人拿一块垫子，过渡到垫子上的"跪跳高"和"跪跳远"的基本部分的辅助练习。

【案例分析】 这是一节小学二年级的"跪跳起"课例，本课的准备活动非常有借鉴价值。从组织上看，各项练习衔接非常自然；从时间上看，准备活动充分合理；从内容上看，准备活动多样而富有针对性。

具体来讲，该课准备活动的时间总共9分钟，内容包括队列队形练习、徒手操练习、柔韧性练习、跪跳起辅助练习。不但从时间上、量上达到了热身的目的，从内容上与基本部分跪跳起的学习有很好的关联，而且各项练习过渡十分自然，可以说该课的准备活动是充分的、有效的和合理的，是值得借鉴的。

（三）看准备活动的方法与技巧

从前面几个案例我们可以看出，不同的案例反映出不同的准备活动现象或特点，有的不足之处比较明显，有的创新点较为突出，有的近乎完美。无论一节课安排的内容、时间、形式如何，作为看课者要想获得足够多的信息，要看出门道，需要掌握一定的看课方法与技巧。

1. 准备活动看什么与看课前的"准备"

当我们看课的时候，只要把关注点集中在准备活动部分，就存在看什么、怎么看的问题。首先要看有无准备活动，有什么样的准备活动，有多长时间的准备活动，等等。

在看课前最好能做好准备工作，包括查阅教案上的准备活动内容、时间，以及准备活动的组织形式等，这样有助于提高看课的效果。同时要能提出几个为什么，带着问题去看，如教学中准备活动的时间能否做到严格控制，所选择的准备活动内容是否能够达到活动效果，学生在做准备活动时的积极性如何，准备活动的组织有无独特性，存在哪些问题，等等。还应该在看课前事先画好一个简易表格，以便快速清晰地记录活动内容、时间、形式、亮点、问题等，不至于在看课时出现无条理性记录。

2. 准备活动怎么看与看课中的“记录”

有些人看课可能有一个好习惯，就是随时把所看到的、想到的记录下来；有很多看课者会忽略这一做法，尤其是看准备活动的时候，记录的积极性并不是很高，而是把大部分精力集中在看和记录基本部分的内容。其实，对于看和分析准备活动而言，我们不能凭空或凭短时的记忆进行看课分析，这样会在分析的时候出现信息遗漏的现象，从而导致分析不到位。基于此，看准备活动就需要采取较为有效的方法。

第一，需要结合所看的教案了解具体教学过程中准备活动的时间、内容、形式等的合理性和一致性；第二，开始部分一结束就应立刻“开表计时”，或从开始部分就开始“计时”，在准备活动开始时记下活动开始的时间点，这是记录整个准备活动时间段的必要做法；第三，观察准备活动安排了几项内容，这些内容安排得是否合理，尤其是准备活动是否真正起到了应有的作用；第四，在观察准备活动内容的同时，注意了解准备活动是否存在问题，存在什么样的问题，有无亮点，什么亮点；第五，边看边记录时间、内容、形式、问题、亮点、启发等，有时，当需要记录的内容比较多的时候，还可以用符号的形式做快速记录。

看课的时候，最好能关注准备活动的细节，如有学生练习的积极性不高，或总是比别人动作迟缓，在看课的时候要有所关注和思考，是活动内容与形式不适宜的缘故，还是学生自身的态度问题。另外，准备活动期间所发生的任何突发事件也是看课者应十分关注的问题。

总之，任何一节体育课都应该有准备活动，而且准备活动也应该是合理的、有效的。因为只有合理、有效的准备活动，才能使基本部分的学习相对安全，才会有利于运动技能的掌握。通过看课，我们会发现当前的诸多体育课准备活动，无论从时间上还是从内容上，甚至在准备活动过程中口令的运用上，都出现这样或那样的问题。基于此，教师要多看不同类型课的准备活动，如常态课的、观摩课的，老教师的、年轻教师的，田径的、球类的等课堂的准备活动，才能获取更多的经验和发现更多的问题，并能总结出准备活动的特点或规律。

（四）从看课谈准备活动的“全”、“新”问题

每节体育课，无论是新授课还是复习课，也无论是运动技术学习课还是身体素质锻炼课，都会在准备部分安排一定量和不同形式的准备活动。那么，如何使准备活动发挥其应有的作用，并让学生产生一定的兴趣积极主动地参与其中呢？我们认为，把握好“全”与“新”，就有可能达到预期的目的。

1. “全”：考虑周全

准备活动安排什么内容、占用多长时间、采取何种方式、如何把握强度、师生如何互动、安全隐患如何规避、活动效果如何评判等问题，都是在教学设计与课堂教学过程中需要认真考虑和积极应对的关键性问题，但现实中却常出现顾此失彼的现象。

（1）内容：因需取舍

准备活动安排什么内容？哪些内容是必须有的？哪些内容是可以有的？哪些内容是不能有的？既要看学生的情况、场地器材的情况，更重要的是要依据主教材内容特点、难易度、单元课次等综合确定。实际上可以概括为“因需取舍”。例如，主教材内容是短跑，准备活动除全身性活动以外，还需要充分活动下肢的腿部肌肉、韧带、关节等。

（2）时间：相对稳定

准备活动需要安排多长时间？实际上这一问题，不应该再作为讨论的内

容。因为对于中小学体育课来讲，一节完整的课分别是 45 分钟和 40 分钟的时间，假如一节课的结构是准备部分、基本部分和结束部分的话，准备部分需要 8~10 分钟的时间，除去课的开始的常规 1~2 分钟时间，剩余的就是需要用于做准备活动的时间。但在实际课堂教学中，尤其是常态课准备活动有忽长忽短的不稳定现象，如有的准备部分在 5 分钟内草草结束，有的准备部分超过了 15 分钟之久等，这两种现象，都难以保证准备活动效果恰到好处。因此，准备活动时间需相对稳定。

（3）组织：时常变换

体育课的准备活动该如何组织？从组织者来讲，可以采用教师独立组织、师生共同组织、让学生尝试性组织等多种形式；从队形来看，可以采用横队、纵队，圆形队、扇形队或自由分散站立等多种形式；从器材来看，可以使用器材，也可以徒手进行；从新颖度来看，准备活动需要形式新颖，以充分调动学生参与运动的热情，否则，长期不变的准备活动就难以达到理想的效果。

（4）强度：大小适中

准备活动安排多大强度？这是一个不可忽视的问题。它不但关系到是否能为基本部分发挥有效作用，还涉及能否避免运动损伤，保障学生安全。因此，准备活动强度的控制也需要恰到好处。过小则达不到为基本部分充分做好准备的目的；过大又容易过早出现疲劳，影响基本部分学习的质量。当然，强度的控制需要与主教材内容相匹配，从学生的主观感觉上应达到筋骨舒展、微微出汗为度，尽量避免在准备活动期间出现学生大汗淋漓、气喘吁吁的现象。

（5）师生：共同参与

准备活动实际上应该是师生共同参与的活动，但实际课堂中并非完全如此。有时会出现这样的现象：任课教师吹哨集合，随后让学生围绕操场跑上两圈，教师自己却原地不动，更有甚者，有极个别教师安排学生跑圈的时候，趁机蹲在篮球架下面抽烟消遣。这样的情景，都是体育课堂上极其不正常的现象，这种现象以及类似的情况都应极力避免。还有相对比较常见的现象，就是只喊口令，除了示范一下活动操外，在学生做操和拉韧带过程中，教师几乎一动不动。假如只有学生活动，教师只是动动嘴的话，在基本部分教师做示范的时候，就有可能发生肌肉或韧带拉伤。体育教学是师生共同参与的双边活动，那么，准备活动也应如此，师生共同参与做准备活动应该成为体育课准备活动的常态；否则，教师在体育课上出现运动损伤也难以避免，教师的示范动作也会一定程度地受到影响。

（6）安全：具体落实

体育课安全事故的发生，并非都仅发生在基本部分，在课的准备部分依然需要加强防范。但并非所有的教师都能高度重视这一防范工作，有防范意识的教师也并非都能把握防范的有效方法。有的在准备活动过程中一字不提安全措施，有的也只是做了“注意安全”或“一定要注意安全”的泛泛提醒，而并没有具体落实安全防范措施。这样的安全提示很难起到规避伤害事故的作用。因此，在准备活动之前，教师就应该充分考虑所安排的准备活动内容和形式是否存在安全隐患。假如存在某种安全隐患，应及早做出调整，尽可能地在运动中避免发生伤害事件。在教学中，应少说“注意安全”等的简单提醒，多讲与多做“如何注意安全”的措施，只有安全措施具体了，准备活动才能真正有效。

（7）效果：及时评判

在通常情况下，很少有人在准备活动环节会注意效果的评判。有人可能会问，为什么要评判准备活动的效果？该如何评判？对于前一个问题的回答，很显然需要考虑准备活动是否达到了预期的目的，未达到目的的准备活动对基本部分的学习会产生一定的负面影响，准备活动未做充分或准备活动量过大等都会如此。通过观察，一旦发现此现象，就应该及时做出调整，以确保基本部分的学习安全顺利。假如说任课教师能够在准备活动期间也积极参与其中，而不仅仅是旁观者或指挥者的话，会有利于准确判断准备活动的效果。关于判断的方法，从教师的角度，可以采取观察法和体验法，无论采取哪种方法，提高判断意识至关重要。

除此之外，关于准备活动还有一些需要考虑的问题，如出现非损伤性的突发事件如何处理，天气突然有变化、学生在活动中偷懒如何处理等，这些问题都不可忽视。教师应加强关注，并提高灵活性，以妥善解决，合理安排。

2. 新：贵在变化

提到“新”，一般都不会有太多的歧义，但并非都能充分理解准备活动“新”的内涵或对“新”的要求。就准备活动而言，该如何体现其“新”呢？关键是在“变化”，那么，哪方面发生变化呢？

（1）新在观念的变化

体育教学准备活动的创新，首先应体现在观念的变化，有了创新意识，才能有创新的行动，才能见到创新的成效。观念的变化并非一日之功，需要长期对创新意识的培养。其培养途径有很多，如认真解读课改所提出的创新要求、查阅并分析准备活动创新设计实例、深度观察有创新的准备活动实施过程等。要想在观念上发生变化，还需要有敢于创新的精神，要敢于摆脱传统观念的束缚，才有可能在行动上发生实质性的改变。

（2）新在内容的变化

准备活动的内容确实需要全面考虑，但内容的变化更不容忽视。变与不变的内容在活动效果上会大相径庭。但变的前提是要把握好内容变化的方向，只有方向正确，才能做出正确的选择，否则有可能会南辕北辙。但也不能一味求变，要考虑为什么变，哪方面该变，如何变。如有一节观摩课，准备活动内容选择了眼保健操，看似让人眼前一亮，但随后会带来诸多思考：为什么要选择眼保健操？也就是说，首先要对选择该套操的必要性进行分析和判断，其次要继续分析眼保健操在这节课上要发挥什么作用。通过观察和分析发现，所选眼保健操与本节课基本部分主教材内容的学习几乎没有任何关联性，可以说，内容选择上是欠妥的，不能为变而变。

（3）新在形式的变化

在准备活动中，为了实现有所创新，在形式上需要有所变化，不能总是用一种固定的形式组织该项活动。例如，在徒手操活动中，总是教师一人喊节拍，学生跟着做，这样时间久了，学生做操的积极性就会降低。假如能够和学生交替喊节拍，或有学生自己边做边喊节拍，或师生同步一起喊节拍等，都能够在原有的基础上，调动学生参与活动的积极性。如教师喊“1-2”，学生可以喊“3-4”；教师再接着喊“5-6”，学生喊“7-8”，等等。学生由只做不喊，到边喊边做，从形式上发生了变化，从效果上也会有所提高。

除此之外，准备活动的结构也可以有所变化，准备活动的要求也可以有所拓展和更新，如扩胸运动在原有要求“用力后振”的基础上，可以加大难度，要求手腕内扣、两臂端平、用力后振等，这样还可以同时提高准备活动的效果。

准备活动看似时间短，但任务重，需要全面考虑准备活动的内容、时间、组织、安全、强度、评价等方方面面的具体操作策略。在此基础上，在创新意识引领下，为追求更高的目标，适当从内容上、形式上等方面体现变化，将在很大程度上提高准备活动的质量，更好地为基本部分学习做好充分的准备工作。

对看准备活动做进一步的归纳，如下所述：

看准备活动

新课改后变化多，　队列队形最先说；
音乐运用较普遍，　自主活动经常见；
准备活动看一看，　内容方式有改变；
创新活动常常有，　片面创新清理走；
头肩写字眼前亮，　眼保健操用不上；
看课方法要能保，　全新问题多思考。

二、看放松活动

放松活动是体育课中必不可少的部分，有效的放松活动，能够达到放松身心的目的。新课改后，有些体育课上的放松活动无论是在形式上，还是在内容上均发生了一定的变化，内容更加丰富了，形式也更加多样了，但有些教师看到这些丰富多样的放松活动后产生了一些困惑：放松活动究竟应该达成怎样的目的？如何活动才是最有效的？新课改后的放松活动所发生的变化，哪些是必要的？哪些是可有可无的？本部分从多个维度对有效的放松活动进行定位，并对看课分析放松活动的切入点进行探讨，最后对存在一定问题的放松活动案例进行分析。

（一）有效放松活动的多维度定位

目前，几乎所有的体育教师都认识到放松活动是不可缺少的，但至于为什么，并非所有的人都能有一个较为清晰的认识。下面从结构、功能、内容、组织等多个视角对有效放松活动进行分析。

1. 从结构定位

大家熟知的体育课的结构包括准备部分、基本部分和结束部分，每一个部分都有其核心内容。结束部分是以放松活动为主要内容，之所以在结束部分安排放松活动，主要是依照人体生理机能变化规律。因此，就整体结构而言，结束部分的放松活动是必不可少的，缺少放松活动的结束部分是不完整的，缺少放松活动的体育课是不科学的。放松活动与准备部分的准备活动、基本部分的运动技术学习等共同构成体育课的核心。

2. 从功能定位

体育课从健康角度看，它能够起到增强学生体质、增进健康的作用；从技能角度看，它可以让学生掌握用于终身参与体育锻炼的运动技能。体育课所能发挥的这些功能都是必不可少的。有效的放松活动不仅有利于学生在基本部分学习过程中消除身心疲劳，更好地促进学生的健康，而且，就运动技术的学习而言，有针对性的充分放松，也更有利于运动技术的学习和掌握。通过对身体的放松，肌肉关节的运动更加灵活，没有疲劳感的上下肢的配合会更加协调，无形中也就有利于缩短运动技术学习的过程，从而便于运动技能的掌握。

3. 从内容定位

体育课中的放松活动内容不但有徒手放松操，尤其是四肢各部位肌肉、韧带等的放松练习，而且有意念放松的内容。这些内容如同准备活动内容一样，同样起到关键性作用，与准备活动的内容选择同等重要，需要考虑为基本部分运动技术学习起服务性作用。准备部分内容的服务性，有助于学生在基本部分安全有效地学习；结束部分内容同样能为基本部分内容的学习起到有效修复的作用。如基本部分主要是耐久跑，在结束部分做放松活动的时候，放松活动的内容就不能简单地做一些徒手放松操，而是要有对腿部肌肉的特殊放松活动，尤其是做一些静力牵拉，促进肌纤维恢复有序的生理结构。专门的放松活动与专门的准备活动具有同等重要性。由此可见，放松活动从内容上看，同样是体育课必不可少的。

4. 从组织定位

放松活动在整个体育课组织活动中也是关键环节，在组织方法上是以教师引导下的学生自主练习为主，其组织形式与准备部分的专门性准备活动较为相似，是组织学生针对身体某一部位或多个部位甚至全身进行的放松方式。放松时间的长短，由课的总时间控制，因此，组织放松活动的时间不可能太长；又由于运动技术学习有可能导致不同程度的身心疲劳，因此，组织放松活动的时间也不宜太短。基于此，既要达到一定的放松目的和发挥其作用，又不能占用过多的时间，使其恰到好处。在组织方面，要求教师在结束部分合理安排各项内容的时间，应避免过多的讲解，对课的小结要精辟，避免在结束部分出现无谓的浪费时间的行为。

（二）看放松活动的切入视角与方法

就体育课的重要组成部分放松活动来讲，要想在看课过程中得到更多的收获，不但要求看课者能够从多个视角切入，而且在每一个视角下看放松活动的时候还需要掌握一定的方法技巧。

1. 从内容切入

看课的时候，就放松活动的内容而言，选择的是什么样的放松活动内容？有没有针对性的放松活动内容？这些内容对学生身心的放松是否具有全面性？这些问题都是看课者看放松活动的时候首先要考虑的，如果内容安排不当，就难以达到很好的放松效果。在看课过程中，既要能够及时记录，又要能够同时或在课后做出较为准确的判断。记录时需要及时记下每一项内容，如教师在放松活动安排了一套普通的徒手放松操，这套操有几节，每节都主要放松的身体哪些部位，每一节是否都是必需的，有无更好的放松方法被编入该套操中，等等。从内容切入看体育课放松活动的时候，要能够看出具体放松内容的有无、多少、适宜性等问题。内容分析得越全面越具体，看课的收获就越大，同时，对自我专业化水平的提高也会更加有利。

2. 从时间切入

放松活动的时间与内容有着必然的联系，如果没有内容显然不会有放松活动的时间分配，如果有放松活动的内容，无论是多还是少，无论是适宜还是不适宜，都会占用一定的时间。因此，在体育课上重点看放松活动的时候，要事先准备好秒表，既要记录结束部分的总时间、体育课总时间及各部分的时间分配，还要准确记录教师组织学生放松的时间。有了几个时间的记录，就能够分析有效放松活动时间安排是否合理。对于体育课教学而言，放松活动是必不可少的，放松活动的时间长短应根据基本部分内容的学习而定，而不是绝对统一的时间长度，基本部分练习的量与强度决定了放松活动的内容选择与放松时间长度。

3. 从方式切入

对于体育课上放松活动的方式，不同的教师会有不同的选择，同时，依据教学内容的不同，放松活动的方式也会有一定的差异性。看课的时候，要首先能够看出，放松活动采取的是什么方式，是学生自主式的还是全班集中式的，有无教师参与放松活动中，学生在不同方式的放松活动中有哪些表现，能否看出学生在不同方式放松活动中的倾向性。以上问题，都是看课了解放松活动组织是否有效的关键。了解学生在各种方式的放松活动中的表现，有利于教师调整和完善放松活动的组织。基于此，看放松活动的时候，不但要准确记录内容与时间安排，准确把握放松活动的方式，而且要及时记录学生在放松活动中的各种表现。

4. 从效果切入

一节体育课，任课教师所安排的放松活动内容是否具有针对性、时间分配是否合理、组织方式是否得当等，都决定着放松活动所能达到的效果。效果其实是对放松活动安排结果的一种有价值的判断，但是，判断放松活动的效果，要比单纯的记录内容、时间、方式更加复杂，同时需要教师有一定的分析和判断能力，既有简单的判断，又要具备综合判断能力，而且，对效果的判断要客观和具有整体把握能力。对效果的评判要求具有全局性，将放松活动放在整节课中来看它的科学性、合理性。在整个课堂中，才能凸显其放松活动价值的有无与高低。一个有效的放松活动，在某一节课中可能是有效的，但放在另一节课中不一定如此，因此，判断放松活动的效果要“因课而变”。另外，关键是要做到主观判断与客观判断相结合，即通过定性、定量相结合的方式最终做出判断，如看学生的精神状况、面色与表情，让学生自测脉搏与课前或课中对比，让学生评估身心自我感觉等多种方式；也可采取课上课下相结合的方式，如通过学生体育课后的表现及学习其他学科时的状态来反馈体育课上是否得到了有效放松。

5. 从问题切入

体育课上安排的放松活动是否有问题，看课者要能够具有判断和分析能力。放松活动有无问题？有什么问题？有多少问题？问题是否能够得以解决？如何解决？对于这些问题，都需要看课者在看课过程中及时把握。如何发现问题并能准确地分析问题产生的根源，是看课者应该具备的技能技巧。就放松活动的问题而言，看课者不仅要结合具体的内容、时间、方式等发现问题，而且要能够看出，是教师的问题、学生的问题，还是场地器材的问题等。如果说是内容选择、时间分配上的问题，可以说很大程度上都是教师的责任，因为体育教学经验告诉我们，学生对放松活动内容的选择和时间的安排上处于被动状态，大多数体育课的放松活动都是由教师组织引导，学生参与。如果教师进行了精心的组织和安排，依然达不到一定的效果，就要看学生的参与情况，了解学生是否发挥了积极能动性，这些可以通过观察学生在放松活动中的行为表现及时做出判断。因此，对放松活动问题的判断要对象明确，方法得当，评判客观。

6. 从亮点切入

与问题相对应的就是亮点了，在看放松活动的时候，有无让你眼前一亮的感觉，是判断有无亮点的主要标志。尽管只是一种主观的初始判断，这种感觉也是极其重要的。当然，要做出更加准确的判断，要能做到主客观的有机结合，如教师设计的放松活动内容与形式是否具有创意，学生在放松活动中有无突出的表现等。如果学生的积极主动性高，他们会流露出自信、喜悦的表情，甚至表现明显的成就感，这样的放松活动，可以看出学生在本节课上有一个愉快的经历，还能够表明学生对放松活动本身的高度认同。

综合以上情况可以看出，要想通过看课了解更多的信息和获得更多的启示，需要从多个角度切入，需要对体育课或体育课的某一部分、某个环节做出更加准确的判断。当然，就放松活动而言，也同样如此。如单纯要了解放松活动的内容选择合理性问题，看课者不但需要看某一节课的放松活动内容，更要看多节课的放松活动内容，通过纵横向的比较与分析，综合判断内容的选择是否合理，以及不同的运动技术学习需要选配什么样的放松活动才能发挥其效能。

（三）放松活动问题课例分析

对于存在一定问题的放松活动，由于产生某一问题的根源不同，其问题表现各异。下面就放松活动中存在的常见问题进行案例分析。

案例1：存在安全隐患的放松活动

【案例描述】 这是一节小学五年级的足球课。授课教师组织学生练习带球走，结束部分组织学生分组做“抢坐足球”游戏作为放松活动。学生五人一组，围在中间放有四个足球的圆周外，当教师发出“开始”的口令后，学生按照逆时针绕圆外周慢跑，当听到“停”的口令后，大家抢坐足球，没有抢到的同学接受两个俯卧撑的小惩罚，依次连续抢坐练习，大约3分钟后活动结束。当活动接近尾声的时候，有一名学生在抢坐足球时摔倒。

【案例分析】 该课例的放松活动之所以被作为问题课例，主要是因为以下两个方面：一方面，在学生抢坐游戏过程中有一名学生重重地摔倒在地，教师走向前扶起该学生的同时，却说“怎么摔倒了”。这样的事件发生应该说具有一定的必然性，并非偶然事件，因为所安排的放松活动形式本身存在一定的安全隐患。另一方面，任课教师应该明确保护器材的注意事项，尤其是篮球、排球、足球等，在课堂上是禁止坐在球上的，该课例违背最起码的保护器材的要求，即便是在课上不发生摔倒等意外情况，这样的放松活动依然是有问题的，而且，无论是身体上还是心理上都达不到放松的目的。

案例2：内容形式不当的放松活动

【案例描述】 还是一节小学五年级的体育课，任课教师依然是组织学生学习足球，学习内容是用脚内侧停球、传球。在结束部分，教师组织学生“游览名山”，教师在课前准备好三幅画有名山的画板，放在操场的一片空地上，组织学生排成两列纵队，跟着教师慢跑和走交替，一幅一幅地游览，每到一幅画板前，教师就让学生停下来，提问谁知道画中名山的名字，画中名山有哪些名胜古迹和历史典故，知道的学生举手回答，回答错了其他同学可以做补充，依次类推，“三座名山”游览完了，本次课也就结束了。

【案例分析】 从该课例中，丝毫没有看到学生是如何放松的，更谈不到放松的效果。这样的放松活动，无论从内容上还是从形式上来看都不合理，而且，教师在课前还会占用大量的时间制作设计画板，显然是不可取的，本节课被列为问题课例也是显而易见的。这样的课例，几乎所有的看课者都能够看出其问题所在，明显表现出新课改后有的教师对创新教学的理解还存在一定的偏差，有的出现创新过度的现象。因此，体育课放松活动的内容选择要具有针对性，考虑其实效性，而不能单纯为追求创新而创新。在创新之前，要考虑该不该创新，该有什么样的创新，而不能仅仅是追求形式上的创新，费时费力却收效甚微的做法是不可取的。

案例3：作用相反的放松活动

【案例描述】 这是一节高中一年级的篮球行进间运球课。在课的结束部分，老师安排了一项放松活动——“运球突破明星”。老师吹哨，全体学生原地运球开始，哨声再次响起，变行进间运球，当老师说“姚明”时，学生们就开始做运球突破“姚明”的动作。照这样的方式，老师又说“科比”，学生们又一起运球做突破“科比”的动作。3分钟后，该活动结束。

【案例分析】 本节课所安排的放松活动，不但起不到放松的目的，还增加了学生们的紧张情绪，运球动作更加僵硬了，精神上也更加紧张了。本应在该时间段安排放松活动达到身心放松的目的，却未能如愿，说明这样的放松活动无论从内容上还是形式上都是不恰当的。

体育课上的放松活动尽管只有短短的几分钟时间，却是不可或缺的环节，内容的选择、形式的组织是否得当，决定放松活动的效果。在放松活动中，不但需要教师发挥其主观能动性，观念、思路要正确，还需要学生的积极配合。有针对性的内容选择和合理的组织，加上学生的积极参与，必将会达到良好的放松效果。同时，在组织放松活动的时候要确保安全第一，有了安全，才能有真正的健康保证。看体育课，若能准确把握放松活动的内容、形式、时间，分析其有效性，将有利于促进放松活动组织教学能力的提高，从而提高教学的质量。

（四）从看课谈放松活动的“老”、“新”问题

体育课的放松活动，看似老生常谈的事情，但当你定下神来再次回顾你的所见、所闻、所思的时候，就会发现，真的很有必要从一个新的视角重新理一理课改前后存在的老、新问题。这种梳理，将在一定程度上对规范放松活动的形式与内容等带来一些新的启示。下面重点从“三不”和“三变”谈一谈老、新问题是什么，进而从“三有”提出几点提高体育课放松活动实效性的建议。

1. 体育课放松活动的老问题

长期以来，关于体育课放松活动，大家都有一致的认同：放松活动是结束部分的一项活动形式与内容，不可忽视。但实践中往往会有各种原因，诸如思想的、方法的、内容的、能力的等方面的问题，导致放松活动效果并不那么理想。下面从“不安排”、“不充分安排”和“不对应安排”三个方面做进一步分析。

（1）“不安排”放松活动

在研究分析放松活动的时候，我们首先从有与无上来区分，无论是常态课还是观摩课，都存在一部分没有安排放松活动的情况。对不安排放松活动的体育课的原因进行分析发现：有可能是教师没有安排放松活动的意识，或是有放松意识却不愿安排，或是认为有的体育课运动量过小的缘故不需要安排放松活动等。无论属于哪种原因，作为一节体育实践课而言，只要学生参与了运动，无论运动量大小都需要安排适当的放松活动，那些未能在课的结束部分安排适量放松活动的做法是不合理的。因此，凡是没有放松活动的体育课应该被作为

不完整的体育课，假如观摩课中缺少放松活动，更应该作为问题提出，并加以纠正；假如是评优课中不安排放松活动，属体育教学设计不合理、不规范，基于它的不合理性和不完整性，评优等级就必定会受到一定的影响。

实际上，那些没有安排放松活动的体育课很大程度上是教师的态度问题，有的是“懒”字在作怪；有的是体育课的其他部分时间随意性较大，结束部分没有了放松时间（观摩课上也出现过此现象）；有的是对放松活动的重视程度不够，认为放松活动起不到太大作用，下课后慢慢也能通过休息得到调整等。无论何种原因，体育课上在结束部分不安排放松活动，即便是课的前半部分再精彩，也只是一节遗憾的、不完整的体育课。

（2）“不充分安排”放松活动

前面我们探讨了不安排放松活动是一种错误的现象，实际上，安排放松活动，但放松得不充分，也依然是一种遗憾。为什么会出现不充分安排放松活动的现象呢？究其原因，我们可以从以下两个方面来分析：一是不重视放松活动，只是一种走走形式、走走过场的思想，这样会导致安排放松活动的随意性，从时间上看，有的活动短至不足一分钟，这样的安排又怎能体现放松充分呢？二是重视了，但不知道如何重视而引起的不充分。重视与不重视、知道如何重视与不知道如何重视可能组成的四种情况，如图 2-2-1 所示。

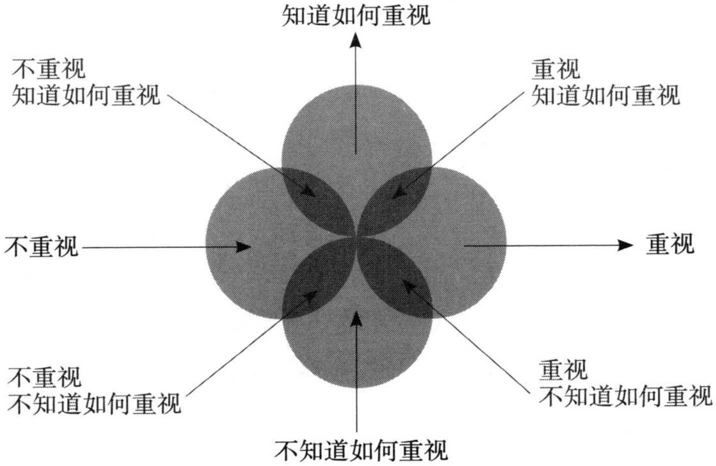

图 2-2-1 重视与不重视、知道与不知道如何重视的放松活动

从图 2–2–1 可以看出，理想的放松活动需要既重视，又能够知道如何重视，才能安排且放松活动比较充分。但现实情况并非完全如此，那些不重视的，无论知道与不知道如何重视，都难以达到充分放松的效果。同样，即便是重视了，但由于不知道该如何重视，同样会事与愿违。为此，对放松活动而言，教师首先要引起高度的重视，认识到它是必不可少的环节，还要认识到不同内容的课，应该如何安排放松内容和形式，以及如何合理分配放松的时间，只有这样，才能达到理想的放松效果。

（3）“不对应安排”放松活动

作为放松活动的老问题，放松活动内容与形式存在的不对应现象也较为常见。放松活动的对应性主要是指所安排的放松活动能够与基本部分的学习以及体能素质练习相呼应，换句话说，所选择的放松活动内容和形式要能够真正达到身心放松的目的，那些未能有针对性地安排放松活动的现象，是不科学或不合理的做法。因此，我们可以从重视与不重视，以及有无针对性来进一步分析其存在的可能性及原因，如图 2–2–2 所示。

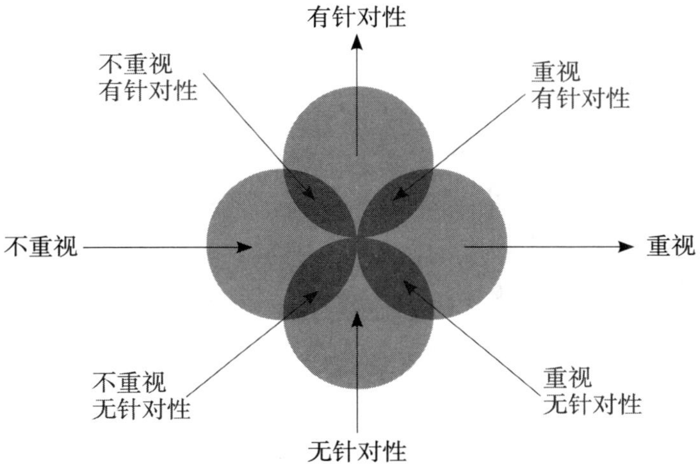

图 2–2–2　重视与不重视、有无针对性的放松活动

从图 2–2–2 可以看出，理想的放松活动，应该是既重视，又有针对性。实际上，在体育课上会出现多种情况，如有的很重视，但所安排的放松活动内容有所偏差；有的知道哪些属于有针对性的放松活动，但因为未能引起高度的重视，导致放松活动流于形式或走过场；还有的是既不重视，又缺乏针对性的放松活动。基于此，要想使放松活动达到应有的放松目的，除了要引起高度的重视，更为重要的是要能够准确地把握，尤其是对身体肌肉、韧带、关节等在基本部分参与活动的量与程度的准确把握。总之，要科学合理地选择组织放松活动，使参与活动部位得到充分有效的放松，放松活动要避免出现盲目性，盲目的放松浪费了时间，又不能达到理想的效果，必须彻底摒弃。

2. 体育课放松活动的新问题

当我们重新审视新课改后体育课放松活动的时候，不难发现，体育课放松活动在常见的老问题未能完全解决的情况下，在新课改以后，又增加了一些新的问题。这些问题可以从新课改后在放松活动环节所发生的若干变化来归纳。

（1）一变“形式化”

新课改后的体育课堂中，当我们把视线定格在放松活动的时候，看到了各种各样变换了形式的放松活动。虽然这种变化形式新颖了，在一定程度上会提高学生参与的积极性和主动性，同样也会提高放松整理的效果。但是，一旦过于追求形式就会走入一种“形式化”的误区，出现为创新而创新的所谓的“新颖”和所谓的“变化”，其效果也会适得其反。究其原因，有的教师对新课标的理念未能充分把握，缺乏认真研读的精神和灵活运用的能力，而是一味地在求异求新上下功夫，这属于方向问题。还有的是能力上的问题，也就是说，在判断形式与内容的主次关系上出现偏差，注重了形式而忽视了内容，结果导致了“形式化”现象。因此，新课改后的体育课堂发生了一些变化，但有的教师把握不准如何变，那些出现过于形式化的放松活动，大多是因为缺乏对“能变度”的把握能力而导致的。

（2）二变“音乐化”

放松活动适当借助音乐是应该提倡的，在一定程度上还能起到提高放松效果的积极作用。但一旦过分依赖音乐，或对音乐的使用出现异化现象时，有时就会发现，音乐在一些课上是可有可无的，甚至有的课上，用了不恰当的音乐，还影响了放松的实际效果。目前，采用意念放松活动的场景下，选用音乐辅助放松的较为多见，也有少部分选用音乐来辅助肢体肌肉或关节放松的。体育课堂的“音乐化”有可能导致两个问题：一是过分追求形式上的多样化，想用新颖来增添体育课的色彩；二是缺乏音乐素养，出现所选音乐不恰当，甚至带来一定程度上的负面效应。因此，应合理利用放松活动的辅助手段，并非所有的音乐都能给放松活动带来积极的效应，也并非所有的音乐都适合放松活动选用。那些有必要选用，且又能选到好的音乐的前提下，才需要附加音乐的伴奏效应。那些单独为新颖未能考虑实际效果的选择音乐的放松活动形式是不可取的。

（3）三变“意念化”

新课改后的放松活动出现的另一个比较突出的问题就是：一些体育课上不约而同地都采用意念放松的形式。当然，采用意念放松并不为过，问题在于，究竟什么课上该采用意念放松？哪些课上采用意念放松显得多余？哪些课上仅用意念放松还不够充分，还需要采用其他形式相配合才能达到身心放松的目的？假如这些问题都不是十分清楚的话，单一的选择意念放松也同样是不可取的。产生放松活动“意念化”主要有两个原因：一是对意念放松的真正作用未能完全把握，有的仅仅知道意念放松是一种心理放松活动形式，但至于哪种心理的疲劳状态需要采用何种有针对性的意念放松内容却一无所知，结果就会出现意念放松的效果不甚明显，从而导致“意念化”现象的发生。二是对体育课需要什么样的放松活动不是十分清楚，再加上过于追求形式上的新颖，同样会走入“意念化”的误区。基于此，在选择意念放松活动形式之前，需要对意念放松、课的内容、学生在课上练习的实际情况等多方面结合来判断是否选用意念放松，选择什么样的意念放松。

3. 有效组织放松活动的建议

前面我们分别从“三不”和“三变”谈了体育课放松活动的老、新问题，但应该如何有效组织放松活动？下面从“全面性”、“合理性”和“延续性”三个方面提出建议。

（1）部位有“全面性”

体育课堂上的放松活动尽管只有短短的3~5分钟的时间，但如何充分利用这短暂的时间达到放松的目的，首要的就是在课前进行教学设计的时候，充分考虑身心哪些方面需要放松，根据课的需要确定放松的部位，其原则要遵循全面性。放松全面了才能达到充分，也才能有实效性。避免出现放松部位判断错误现象，全面性集中要体现两点：一要准，二要全。只是全面而不准确，不是真正的全面性；只是准确判断，未能全面做到，也难以实现全面性。

（2）组织有“合理性”

有了准确的判断和全面的考虑，要想达到理想的放松效果，还要充分考虑其有效的组织形式，如何组织？每个部位放松多少次、多长时间？是自我放松还是相邻同伴互相放松？是单一形式深度放松，还是多种形式变换放松？这些问题都是教学设计事先要充分考虑的。放松活动组织的合理与否，直接影响放松活动的效果。无论如何组织，只要把握好“合理”二字，其效果就不太容易出现偏离。

（3）时空有“延续性”

关于放松活动时空上的延续性，可能是大部分教师容易忽略的。重视放松活动在时空上的延续性是指要让学生在课后适当的时间或场所再次强化一下放松，尤其是课上不十分充分的放松，课后就更需要加以补充。如通过布置课外“放松作业”的形式，做到课内外的有机结合，尤其是回到家之后，通过温水浴、自我按摩、保障睡眠质量等方式达到进一步放松以缓解身心疲劳等目的，从而达到延迟性的放松作用。尤其是对于练习密度较大、运动负荷偏大的课，延续性放松更具有实际意义。

体育课上的放松活动不是可有可无的，也不是流于形式的，它需要放松定位准确而全面，需要走出一些认识上的误区和避免操作上的错误。为达到最为理想的放松效果，有的体育课并不拘泥于课内的放松，还需要在时空上、形式上等有所拓展与延续，使课内、课外相结合，尽量用大的“放松观”把握体育课放松的方法。

对看放松活动的方式方法做进一步归纳，如下所述：

看放松活动

放松活动定位多，　结构功能最先说；
内容组织不可少，　放松效果才叫好；
观看放松视角全，　内容时间方式先；
效果问题都可看，　突出亮点最难办；
放松问题课例见，　安全隐患有呈现；
内容形式有不当，　作用相反不能放；
新老问题都有过，　放松活动容易错。

三、看讲解示范

体育教学中，讲解和示范的效果对学生学习掌握体育知识、运动技术与技能起着关键作用。讲解示范是以教师为主的教学活动，但并非完全是教师的专利，我们在看课的时候既看到了教师独立所做的讲解示范，也看到了教师和学生共同完成的讲解示范，还看到了学生独立所做的讲解示范。基于此，一方面，我们需要明确师生都有可能参与讲解示范活动；另一方面，我们看课的时候，当把关注点集中在讲解示范环节时，需要首先明确，新课改后，体育课上的讲解示范是否有问题？有什么问题？从不同的视角看，有哪些讲解示范的形式？如何进行讲解示范才能达到最好的教学效果？下面，通过看课，进一步了解讲解示范，把握如何从讲解示范环节找到更多的问题和改进措施。

（一）体育教学中的讲解示范是什么

体育教学中的关键环节讲解示范究竟是什么？有哪些类型？讲解与语言、示范与展示等同吗？讲解与示范单纯是教师教的活动吗？基于以上问题，下面展开讨论。

1. 体育教学中的讲解示范作用

体育教学中的讲解示范是教师和学生沟通的桥梁，是学生建立正确技术概念的基本途径，就教师而言，是其必备的基本功。简洁、生动的讲解能够提高学生听讲的注意力和效果，而拖泥带水、生硬刻板的讲解，很有可能会分散学生的注意力，降低听讲的有效性。示范更是如此，优美、规范的示范动作能激发学生的学习兴趣，而不完美甚至错误的示范，能大大降低学生学习的积极性。因此，为了充分发挥讲解示范的作用，讲解示范需要达到清晰、准确、生动、熟练、优美等要求，否则，将很难发挥应有的促进作用。

2. 体育教学中，讲解≠语言

体育教学中的讲解不等于语言，只是语言的一种形式，是包含与被包含的关系，而不是等同关系。首先，二者运用的时机不同，体育教学的全过程都有可能出现语言的运用，但讲解并非如此，讲解是规范的语言形式，是指运用特殊的、规范的语言，把运动技术的动作要领、保护与帮助方法、易犯错误与纠正方法等简洁、生动形象地向学生讲述的过程；其次，二者的内容不同，体育教学语言的内容非常丰富，如讲解的语言、批评的语言、表扬的语言、巡回指导的语言、评价的语言等，而讲解的内容具有较小的范围，如对动作要领的讲解、对易犯错误的讲解、对纠正方法的讲解、对游戏规则的讲解等；最后，形式不同，讲解的语言一般都是正向的、正确的、单向的，但语言的运用在教学中既有正向的也有反向的，既有单向的也有师生双向的。因此，不能把讲解完全等同于语言。

3. 体育教学中，示范≠展示

正如体育教学中的讲解不等于语言一样，示范也不完全等同于展示，而是展示中的一种正规的教学活动。首先，示范与展示的时机各有不同，示范的时机相对较少，而展示的时机相对较多，除示范环节特殊的展示活动外，在学生练习过程中，发现好的或差的动作，都可以及时通过展示进行学习指导；其次，示范与展示的内容也各有差异，示范的内容多为运动技术，而展示的内容多种多样，除运动技术外，可以是学生的探究或创编成果，还可以是学生的错误动作等；最后，示范与展示的形式也有不同，示范多由教师来做的正确的运动技术操作方式，而展示既有教师的活动也有学生的活动，甚至学生的展示活动所占的比例更高。除此之外，展示还有可能借助多媒体教具，达到理想的展示效果。因此，也不能简单地把示范完全等同于展示。

4. 体育教学中，讲解示范并非教师的专利

很多人一提到讲解示范就会联想到是教师的教授活动，我们在众多的体育教学观察和分析中发现，讲解示范在体育教学中并非教师的专利。有一些课堂，有的教师让学生协作共同完成讲解示范环节；有的学生看听完教师的讲解示范后，提出质疑，并挑战老师，向全班同学再次示范。

基于此，尽管在大多数情况下，讲解示范是由教师完成的，学生是教学活动中的听讲者和观察者，但是，现在已有所变化，在讲解示范中，有的学生也转换了角色，从一个听讲者的身份变成了讲解者，从一个观察者的身份变成了示范者。这些现象的存在，打破了传统的讲解示范单独由教师支配的单一形式，学生在讲解示范中也能发挥一定的作用，甚至能达到意想不到的效果。

（二）讲解示范看什么、怎么看

或许有人会问，讲解示范还有什么特殊的“看法”吗？回答是肯定的。会看的人除了能像大家一样对讲解示范的正确性做出准确的判断外，往往还能看出错误的原因，以及进一步完善的对策。下面分别就讲解、示范探讨看课的方法。

1. 看听“讲解”的方法与技巧

有些内容的讲解无论是放在示范的前面还是放在示范的后面，都是可以独立呈现的，也就是说，对某一教学内容做单独的讲述。对于看课者而言，无论任课教师采用什么方法进行讲解，我们都可以采取有效的方法从中捕捉到更多的信息，发现问题或找到可借鉴的亮点。

（1）事先了解“要讲什么”是有效看听的逻辑起点

对“讲解”的一般情况的了解，是看听该部分的逻辑起点，如果不了解

任课教师要讲什么，判断教师讲解是否有问题就会有一定的难度。因此，掌握看听“讲解”环节的首要任务就是要了解教案，并认真听取教师在课的开始部分介绍的本节课的内容，而不是孤立地等待着教师的讲解。只有了解到讲什么，采用什么方法进行讲解，我们才能在看听课的时候评判讲的怎么样，以及如何改进和提高。

（2）观察了解“怎么讲的”是有效看听的关键环节

了解任课教师将要讲什么以后，在看听的过程中，听一听该教师所讲的内容是否与事先了解的相一致。更重要的是，要认真观察教师是如何讲的，包括教师在讲解过程中的语音、语调是否准确，语言是否精练、清楚，如何组织学生进行听讲活动，在听讲之前是否对学生的听讲法给予一定的指导，当学生在听讲过程中出现各种异常现象时，教师是否做出了适当的调整，等等。对这些信息的了解和掌握是判断讲解水平高低和效果明显与否的关键。

（3）及时分析“讲得怎样”是有效看听的难点

对于看课者而言，只是了解了讲的是什么、怎么讲的，还难以有更多的看课收获。及时对任课教师的讲解进行分析，并做出准确的判断或提出改进措施，既是看听讲解环节的重点，又是其难点所在。具有不同经验的看课者，该部分会有较大的差异性，同样一节课，可能有的人会认为讲得很好，而有的人却并不这么认为。一方面是评判视角可能有所不同，另一方面是看课者自身的讲解水平与能力不同，以及掌握的看听方法和技巧的差异性所致。因此，要想有客观、准确的评判效果，看听讲解的时候，需要做到视角选择要多元、捕捉信息要迅捷、分析判断要客观、看听态度要认真等。

2. 看“示范”的方法与技巧

体育教学中的示范，大家并不陌生，但问题的关键是“示范什么”、“何时示范”、“如何示范”、“谁来示范”以及“示范的如何”等，这是看课者要了解的信息。就示范而言，有时被放在了讲解的前面，有时被放在了讲解的后面，还有时为了达到一定的教学效果与讲解多次交替，还有边讲解边示范的形式。

（1）看“示范”了解“示范什么”是前提

在看课之前，通过教案和课的开始部分的教学内容介绍，我们可以初步了解本节课需要做什么示范，结合教学内容自身的特点，有可能对“如何示范”会有一个最初的判断。应该示范什么和实际上示范了什么在很大程度上应该是相一致的，但也有可能发生细微的变化，这就需要看课者在获取“示范什么”这一信息时，是否做到了课前与课中的有机结合。如果看到的内容前后是一致的，可能就不会产生质疑或困惑；假如有出入，对于看课者而言，就要立刻在看课的同时积极思考，带着疑问继续看下去。

（2）看“示范”捕捉“怎么示范”是关键

与看听“讲解”同样关键的是，在看“示范”的时候，要及时捕捉“怎么示范”的各种信息。因为，只有了解任课教师是如何示范的，才能进一步做出较为准确的判断。那么，如何才能全面而迅捷地获得示范方法的信息呢？我们认为，全神贯注是必备的看课态度，目光敏锐是及时捕捉各种信息的能力，及时记录是分析判断的前提和重要手段。不同注意力的看课者，在所获取信息的全面性上会有一定的差别；不同观察力的看课者，所获得信息的层次性上会有一定区分；有无记录，所获信息的准确性上会有所不同。因此，要想全面而准确地了解示范者是如何进行示范活动的，需要看课者掌握一定的捕捉信息的方法与技巧。

（3）看“示范”评判“示范得怎样”是难点

看课的时候，判断示范是否正确以及任课教师能力水平的高低是看示范至关重要的环节。同样的内容、同样的班级，不同的教师会有不同的示范方法，即便采用同样的示范方法，由于教师的基本功和教育教学能力的差异性，也会出现不同的示范效果。基于此，在看课的过程中，应将重点放在观察示范上，同时加强对示范效果的同步判断，并进行原因分析和提出对策建议。具体方法可以先采用好、中、差的等级评定法，进而针对情况进行分析。如“好”，哪些地方对我的启发最大，我能否做到这样；“差”，是改变示范的位置、器械的高度，还是提高某个方面的技能，从而提高示范效果。总之，看示范并非是简单的好与差的定性判断，更不是“示范的什么”、“怎样示范的”初始层面的看课，而是在判断好与差的基础上，能够看出为什么好、为什么差，尤其要能够提出改进方案，这才算看出了门道。

除此之外，在看听讲解与示范的时候，还需要了解很多信息，如谁做的示范？示范过程中是否有学生的参与？学生参与示范是教师的安排还是学生的自愿？另外，一节课上教师对示范时机的把握如何，做了几次示范，每次示范是否伴随有讲解，以及讲解示范有无明显的创新或突出的问题，这些都是在看课的过程中需要及时了解的。只有这样，才能通过看课全面系统地了解讲解与示范的合理性和有效性。

（三）不同课例中的讲解示范与分析

对于讲解示范而言，不同的看课和分析视角会有不同的分析结果，当然，看听讲解示范会有诸多视角。以下将从讲解示范者的角度，以教师独立、师生共同、学生独立三类主导方式的视角，分析新课改后体育课堂上的讲解示范问题。

1. 教师独立完成的讲解示范

作为讲解示范的主导者，教师独立完成的讲解示范是最常见的一种形式，无论是常态课还是观摩课，大都以这种形式出现。在教学过程中，学生接受教师的讲解与示范已常态化，而且学生也大都能够积极地参与到听讲和观察活动中。不过，目前，教师讲解示范的层次有所不同，有的效果十分明显，有的却差距很大，甚至出现严重的问题。下面针对有待改进的讲解示范案例逐一进行剖析。

案例 1：听不清的讲解

【案例描述】 这是一节小学二年级的跳单双圈课。将学生排成四列纵队后，任课教师站在排头位置，开始讲述跳单双圈的动作方法。除了前面几个学生原地不动、静静地听老师讲述外，后面有一半多的学生，有的歪着脑袋，有的向上蹦来蹦去的，想看到老师并想听得更清楚一些。

【案例分析】 当任课教师讲述跳单双圈动作方法的时候，由于站位选择不当，导致后面的学生听不清老师所讲述的内容。当队伍站成纵队的时候，后排的学生距离老师过远，会影响到听讲效果，基于此，应将队形调整成横队以提高讲解的效果。

案例2：看不明的示范

【案例描述】 这是一节初中二年级的沙瓶操课。任课教师让学生事先站成扇形队，看来是考虑到了学生观看的效果。但是，在示范之前，任课教师让所有的学生把装有沙子的矿泉水瓶都放在老师和第一队同学之间，也以扇形摆好。当学生们站成扇形队后，教师开始示范，先是示范脚步动作，然后示范上肢动作，最后是示范上下肢的配合。在示范脚步动作的时候，站在后面两排的学生不时地向上跳起，或踮起脚尖看老师的脚步动作。

【案例分析】 从学生观看示范时的表现可以看出，教师在示范脚步动作的时候，由于放在师生之间的沙瓶挡住了后面两排学生的视线，因此，他们做出了跳起或踮起脚尖的动作。这样的示范是因器材摆放不合理而影响到了示范的效果。为了提高示范的有效性，教师可以要求学生把沙瓶摆放在扇形的两边，不至于挡住学生观看老师脚步动作的视线。

案例3：信不过的讲解示范

【案例描述】 这是一节高中篮球课。任课教师讲授单手肩上投篮动作，教师先是讲解了投篮的动作要领，然后，做一次投篮的动作示范，结果球没有投进。作为一位普普通通的体育老师而言，既不是专业篮球队员，也不是神投手，因此，投篮示范球未投进十分正常。在老师第一次示范未投中的时候，全班学生只是面面相觑，没有任何一个学生说什么。可是，教师接着说："同学们，下面我再给大家做一次示范。"结果这次示范球又没能投进，于是，一个站在前排的比较调皮的女生开口了，说了声："老师，您真棒！"停了片刻接着说："老师，您怎么还没有进呀？"这时，教师的脸变得通红，流露出尴尬的神情。

【案例分析】 该任课教师示范后的尴尬与学生的讽刺言语，说明了对该讲解示范，学生是信不过的。其实，教过投篮的教师或许都有过示范时投不进的经历，但并非每位教师都会遇到这种尴尬的场面。对于这种突发状况，教师完全可以在示范之前，提醒学生，观察的"点"不要完全放在篮板和篮筐上，而要观察老师示范的全过程。同时，事先告诉学生不一定每次都能投进，只要观察投篮的动作过程，对于初学者而言，能够按照动作要领投就行。当然，教师投进更能激发学生学习篮球的积极性和兴趣。

2. 师生共同完成的讲解示范

有些课上并非教师一个人在示范，有时根据教学内容的特点，或者根据教师专业技能的水平的高低，可以让学生配合教师一起示范。

案例4：师生共同完成的肩肘倒立讲解示范

【案例描述】 这是一节小学五年级的肩肘倒立课。由于教师的体型有些超重，估计是做示范有些吃力，或不一定很标准，于是教师就培养了一个体育小骨干，在课中配合教师一起示范，在教师的帮助下完成了该技术动作，同时，教师讲解动作要领以及注意事项。在讲解示范过程中，学生们观察示范的注意力非常集中。

【案例分析】 讲解示范实际上并非只有教师才能完成，当遇到特殊情况的时候，完全可以借助于学生的力量共同完成讲解示范的任务，而且效果或许会更加理想。该节课上，任课教师选择一位学生配合完成了肩肘倒立的讲解与示范环节，效果十分理想，调动了示范学生的积极性，同时也激发了其他同学的学习热情。

3. 学生独立完成的讲解示范

有些体育课上是学生独立完成讲解与示范动作，这样的课堂尽管不多见，但也同样是一种很好的教学方式，当然，有时是教师安排的，有时是学生自主完成的。

案例 5：纠正教师动作的传球示范

图 2-2-3　学生做篮球传球示范

【案例描述】 这是一节高中男女合班的篮球课，具体内容是学习传球。当任课教师讲解完传接球动作要领，并示范结束后，一位男生一个箭步走到老师面前，要过老师手中的球说："老师，我来做一次示范吧！"边做边说："篮球可以这样传，也可以这么传。"这位学生除了示范双手胸前传球外，还示范了单手传球、背后传球等更高难度的传球技术。学生的这一举动，对于教师来讲确实是一种挑战，也是对教师教学机智的考验。此时，其他学生的注意力异常集中，学生传球示范结束的时候，全班学生响起了一阵热烈的掌声，如图 2-2-3 所示。

【案例分析】 对于这样的示范，在课前教师就应该预料到，一方面，对于一个非篮球专业的教师而言，篮球各项技术的示范有可能不是十分完美；另一方面，班级内有篮球技术非常好的学生，有可能向老师提出挑战。基于此，教师在备课环节，就应该考虑是自己示范，还是找技术好的学生示范。假如自己示范，就需要在课前反复练习，达到动作标准才能给学生做示范；假如让学生帮助完成传球示范动作，就应该在课前通知该学生，让他事先做好准备，不至于在课中出现尴尬局面。

总之，在看课的时候，就讲解示范而言，有多个视角可以切入，但无论从哪个视角切入，既要能看出讲解示范的内容、方法，还要能分析判断讲解示范的效果和存在的主要问题，同时还应打破只有教师讲解示范的思维定式，在教学中可以尝试培养学生参与该环节的教学。当然，通过不懈的努力，教师提高讲解示范的技能水平更为重要。

（四）从看课谈讲解示范的实效性

如何才能提高讲解示范的实效性，通过看课，我们发现了不少问题，但大多数问题出在讲解示范的教师身上，因此，通过提高教师的讲解示范技巧提高讲解示范的实效性十分必要。

1. 吃透教材把握讲解法

就讲解而言，无论是什么教材，都需要教师事先对其有一个熟悉的过程，甚至达到研读的程度。当教师把教材吃透以后，一般都不会出现错误。在吃透教材的基础上，再研究用什么方法讲解效果更佳，诸如，将动作要领变成口诀或顺口溜，或安排让听不清、听不懂的学生及时提问，教师再用通俗易懂的语言加以解释等。

2. 熟练技术选择示范法

教师做任何技术的动作示范，都要求能够按动作规范完成，但并非所有的教师都能如此。一次，一位老师告诉笔者，不知什么原因，本以为能够轻松示范的“手倒立”，结果在示范的时候，一下子就摔了过去，惹得学生们哄堂大笑。这种情况说明，无论做什么示范，也无论过去把该示范做得多好，在需要示范时，要事先反复练习，直到确保能成功示范后，才能在课堂上完整地示范，否则就会有示范失败的可能。在此基础上，至于采用哪种示范方法就很容易掌控了，如教师连续示范、师生配合示范、慢动作回放性示范（对于可以做慢动作的技术）等。

最后将看讲解示范做进一步归纳，如下所述：

看讲解示范

讲解示范要求多， 概念清晰少出错；
语言讲解有不同， 示范展示不相重；
讲解示范从头说， 教师学生多切磋；
教师动作不规范， 示范之前未演练；
示范动作信不过， 学生纠正现场做；
教师讲解效果明， 站位声音均可行；
示范讲解都看见， 发现问题及时判。

四、看教法学法

常言说："教学有法，法无定法，贵在得法。"学习也是如此，同样是贵在得法。那么，怎样才能通过看课，了解体育教学中任课教师是如何教的，学生是如何学的呢？教的法子与学的法子是否适宜与有效？针对这些问题，我们将对教法与学法的认识误区、教法与学法的动态关系，以及看教法与学法的难题进行分析，便于通过看课更好地把握教法与学法。

（一）教法与学法认识误区

体育教学中，无论何种教学内容，都要通过一定的方法完成教和学的过程。但是，在理论研究与教学实践中，目前对教法与学法认识上都存在一定的偏差，尤其是二者的关系问题，不同程度地存在一定的误区。目前存在的认识误区主要有三个方面：其一，是将学法完全等同于教法，认为教师"怎么教"学生就"怎么学"，学法等于教法，但实际上是不等同的。其二，是将教法与学法一一对应起来，认为讲解法与听讲法、示范法与观察法等一一对应，但实际上是难以对应的，能够对应的是教与学的行为。其三，是将教法与学法孤立起来，认为二者是互不相干、各自独立的。这种认识也是不全面的，事实上，二者不但有一定的关联，而且存在一种动态分化的关系，如图

2-2-4 所示。

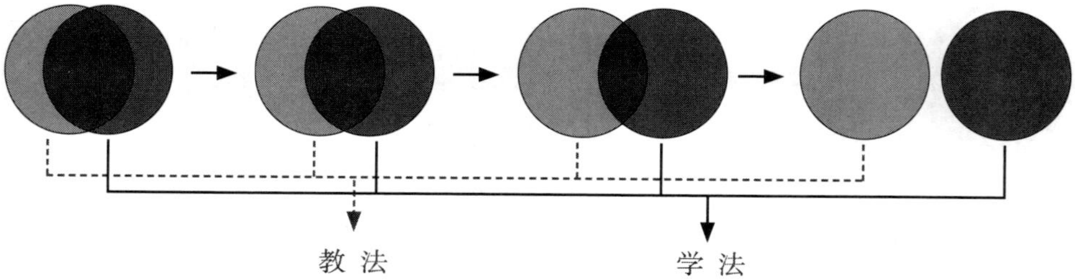

图 2-2-4 教法与学法的动态关系

教法与学法起初具有一定的重叠部分，随着学生对教法的不断内化和自主学法的形成，学法会逐渐从与教法的交合关系中分离出来，形成独立的自主学法。

（二）看课关注教法与学法的必要性

平常教师在看体育课时，很少关注教法与学法，尤其是关注学法的更不多见，但由于方法问题对教学效果起着关键作用，因此，教法、学法选择与运用的优劣是看课者不可忽视的，其必要性具体表现在以下几个方面。

1. 教的法子是否考虑到了学的法子

著名教育家陶行知先生在《教学合一》一文中提出："先生的责任不在教，在学，而在教学生学。""教的法子必须根据学的法子，怎么学就怎么教。"就体育教学而言，教师在怎么教，学生在怎么学，看课者通过看课可以了解到这些情况，同时可以了解到教师教的法子是否考虑到了学生学的法子。由于教法与学法的动态关系，说明教法是不能脱离学法而自行施教的。如果在看课的过程中不关注教法和学法，就难以对教法的合理性做出客观判断，即便是一种好的教法，也不一定适合任何内容的教学，更不一定适合所有的学生。因此，看课不可忽视对教法、学法的关注。

2. 教学中是否采取了有效的学法指导

学生在体育学习过程中，有无学法，有什么样的学法，其学法源于何处？

体育学法是来自学生自我学习经验的总结，还是来自教师的指导、同学的交流？调查发现，有79.3%的学生认为学法主要来自教师的指导，这说明教师有无学法指导，有什么样的学法指导，对学生有效体育学法的形成起着关联性作用。因此，在看课的时候，需要特别关注的是，任课教师是只顾自己教，还是十分关注学生的学，并不失时机地指导学生如何学。正确的做法是教师为学生的学而教，同时需要为学生形成正确的学法而进行及时有效的指导。综上所述，了解学法指导是看课不可忽视的重要环节。

3. 新课改后的教法学法是否有所改进

灌输式的教学会导致学生被动接受式学习，不利于创新人才的培养。因此，新一轮的基础教育课程改革强调要重视教学生“学会学习”，并提出了注重培养学生自主学习等能力的改革要求。基于此，新课改后的体育课堂，应该引入新的教法和学法，这样才能更好地服务于教学生“学会学习”的改革目标要求。

新课改后的体育课堂，的确在教与学的方法上发生了变化，诸如探究学习、合作学习、自主学习等的学习方式走进了课堂。但并不是说引入了这些学习方式就比过去有所改进，如果引入不当，不但不能起到积极作用，还会直接影响到教学的有效性。如有些课上反复让学生“扎堆”探究，甚至一节课上，这种方式占据了几乎所有的基本部分学习时间，不但看不到探究学习发挥应有的作用，出现形式化的探究学习，还会使学生对真正意义上的探究学习产生误解。有时教师让学生分组讨论问题的时间不足一分钟，学生根本来不及思考，学生对问题的讨论自然也就出现了形式化，这样的探究学习还不如回到传统的灌输式学习。因此，看课不是看是否引入了新的方法，而是要看新方法是否得到了有效的、合理的运用，这样一来，看课关注教法、学法就不可或缺。

（三）看课对教法合理性的分析与判断

1. 看课了解教法的主要途径

在体育课上看教法，最主要的目的是要判断教法的选择是否合理。因此，需要看教师选择的是什么样的教法、如何选择教法、所选教法在教学过程中存在哪些问题等。其主要途径可以采取看教案、看课堂、看课后等多种方式。

首先，了解教案上呈现的教法。教师在进行教学设计的时候，大都会考虑到怎么教，而且在教案上会有一定的体现。看课之前，看课者需要首先通过教案了解教法的选择，可以初步了解教师选择的方法，并结合教学内容和学生情况做出教法选择是否合理的初步判断。

其次，从课堂上了解教法。在课堂上，任课教师所选用的方法是否合理、有效，需要看课者做出综合判断。看课者不能将教法孤立起来分析其合理性，需要将教法放在完整的教学环境中，准确地了解教法的合理性具体要落实到教的各个环节上来。如教师讲解的时候，采取的是什么样的讲解方法；做示范动作的时候，采用的是什么样的示范方法；指导学生学习的时候，采用的是什么方式的指导，等等。由于不同的讲解法、示范法和指导法会产生不同的教学效果，因此，在关注每一种方法的时候，教师讲解、示范和指导技巧需要特殊关注，尤其对存在的问题更要准确把握。

最后，从课后了解教法。看课了解教法，除了通过教案和课堂上的关键教学环节以外，课后对教法的了解也不可缺少。如果是观摩课，可以通过专家的点评补充完善看课过程中出现的遗漏；如果是常态课，可以通过课后与任课教师交谈进一步掌握教法的选择与运用方法。之所以不能忽视课后对教法的了解，主要是在课堂上，虽然能够看出教师选择的是什么样的教法，但并不一定能够彻底明确任课教师为什么选择这样的教法，只有通过课前、课中、课后全方位把握教法，才能对教法选择是否合理、有效等做出综合判断。

2. 看课分析与判断教法合理性的视角

看体育课的时候，要想对教法的选择与运用的合理性做出准确的判断，需要从以下视角综合分析。第一，课堂上采取了几种教法。对教法掌握程度不同，做出的判断就会不同。第二，哪种教法是必需的，哪种教法是可用可不用的。要做出必要性的判断，需要看课者对课的内容和学生情况事先有一个全面的了解。第三，教师对教法的理解是否正确。可以通过看到的效果和组织教学中存在的问题做出判断，如果任课教师对某一种教法理解是错误的，他对该教法的运用很有可能就是不正确的；如果任课教师对某一种教法是一知半解的，他对该教法的运用也是不能很好把握的，会走向某一种误区之中。第四，教师对学生有无学法指导，有什么样的学法指导。学法指导实际上从一定意义上说也是属于教法的范畴，有效课堂需要教师对学生进行有效的学法指导。第五，对学生学习积极性的调动情况如何。再好的教法，如果不能充分调动学生学习的积极性和主动性，该教法是难以发挥应有作用的。因此，无论在课堂上看到任课教师采用了什么样的教法，都需要结合学生的学习情况来综合判断其合理性和有效性。

（四）看课对学法有效性的分析与判断

1. 看课了解学法的主要途径

看课了解学法的途径与教法基本相同，也需要通过课前了解教案掌握教师对学法的预设，但不同的是，从教案上并不能完全了解到学法，主要原因是学法很大程度上受学生的支配，而且，不同的学生还很有可能采用不同的学法。因此，不像教法那样，在教案上会有较为具体的体现。

看课并较为全面地了解学法，重点要放在课堂上，而且在课堂上的观察对象主要是学生，要不失时机地把握学生究竟是如何学的，如何练的。然而，看学法并非每一个看课者都很重视，即便是任课教师，有时也会忽略学生在课堂上的学法。如体育课上我们经常会看到，教师让学生们分组或自由练习的时候，总会看到有个别学生去辅导同伴学习的现象，这种互相学习的方式提示我们，都有哪些学生在帮助同伴学习？他的技术动作如何？看课者或许能够从中了解到这些现象，假如任课教师在课堂上也能及时关注这类学生，并进行全面的分析，对教法的改进将会有一定的启发。因此，无论是看课者还是执教者，都应关注学生的学法，尤其关注学生个性化的学法。

课后对学生学法的了解，一方面需要通过与教师的交流，另一方面还需要对有特殊学法的学生进行访谈，这样能够全面了解学法情况。

2. 看课分析与判断学法有效性的视角

在体育课上，学法是否有效，需要从多个视角进行分析判断。首先，要看学生在学习过程中，都运用了哪些学法。比如，听讲的时候是如何听的，大家的听讲方法有什么不同，观察的时候学生都有什么反应，都是怎样观察的，最有效的观察方法是什么，等等。其次，要看特殊学法。比如，体育课上是否出现特殊学法，这种学法是积极主动的还是消极被动的，等等。根据学的方法，教师要对教法做出适当的调整，尤其是关注到的特殊学法，是启发教师调整改进教法的关键。最后，要看学生的学习行为。学生是否在认真学，如果没有认真学都出现了哪些行为，为什么会出现这些行为，等等。事实上，无论从哪些角度观察和了解学法，都是十分必要的。同时，通过学生的学法也可以反映教法的合理性以及课堂教学的有效性。

（1）学生在怎么“听讲”

在体育学习的时候，针对老师的讲解，学生首先要认真听讲。但是，在听讲的时候，有的学生会听，有的学生不会听，会听与不会听，听讲的结果会有一定的差异性，如表 2–2–1 所示。

表 2–2–1　听讲行为与结果

学 生	听的行为	听的结果
不善听者	听讲时，人在课堂心在外，东张西望	听不进老师讲什么
	听讲时，不断溜号，东张西望，时而交谈	难以听明白老师讲的是什么
	目不转睛盯着老师，但不动脑	听清老师说话了，但不一定听懂说的是什么
善听者	边听边点头，动脑了	认真听了，且听懂了
	边听边皱眉头，思考了	认真听了，但没听懂、没听清
	边听边举手，或听完后举手，困惑了	认真听了，但有不明白的地方

从表 2–2–1 的听讲行为可以看出，不会听讲的学生，有着不同的不会听的行为，而会听的学生也有各种各样的听讲方式，如有的边听边点头，有的边听边皱眉头，还有的边听边举手等。不同的听讲方式将产生不同的听讲效

果，即便是会听讲的学生，由于听的方式不同，其效果也各异，有认真听且听懂的，也有认真听但没听懂的等。基于学生不同的听讲方式，教师首先需要关注不会听的学生，思考该如何引导他们认真听讲；而对于那些认真听讲的学生，教师要判断还有哪些学生需要进一步引导，怎样引导才能使学生更有效地听。看课了解学生的听讲方式的时候，通过观察多节课，看课者可以归纳学生在不同内容的课上和在不同教师的课上听讲的特点及问题。

（2）学生在怎么“观察”

当教师在体育课堂上做示范的时候，学生需要做的就是认真观察，但是，通过看课，我们会发现，有的学生会观察，而有的学生并不会观察，归纳结果如表 2-2-2 所示。

表 2-2-2　观察行为与结果

学 生	观察行为	观察结果
不会观察者	低头不看老师，思想开小差	什么也观察不到
	时而看时而不看，精力不集中	不能观察到全部或细节
	只看结果不看过程（如投篮示范）	依然不知怎么投篮
	盯着老师的眼睛看，但没有看示范	等于没看，不能记住动作方法和路线
会观察者	边看边模仿	认真看了，并试图模仿老师的动作
	边看边皱眉头	认真看了，但没看清或没看懂
	边看边点头	认真看了，看清了，看懂了
	看后举手询问或要求老师再做一次示范	认真看了，但没有看明白

从表 2-2-2 中我们不难看出，对于不会观察的学生，在老师做示范的时候，有着不同的行为表现：有的学生低头不看老师的示范；有的尽管会看，但由于思想不集中，时而会走神儿；还有的只看结果不看过程，如篮球投篮示范时，很多学生直接把目光集中在篮筐上，等待老师的投篮结果等。这些不会看的学生，在老师示范完之后，几乎得不到太多有价值的信息。而对于那些会看的学生来讲，不同的学生也有不同的“看法”：有的学生是边看边模仿；有的学生是边看边思考并皱起了眉头；还有的学生是在观察老师的示范

动作的时候，未能观察清楚，举起手，要求老师再重新做一次示范；等等。各种不同的“看法”，带来了不同的观察效果。看课者应能够从中总结规律，并从学生观察的细节入手，了解学生观察的若干方法。

（3）学生在怎么“讨论”

体育教学中也往往会安排一定的讨论环节，在讨论的时候我们会发现学生有不同的表现，统计结果如表 2-2-3 所示。

表 2-2-3　讨论行为与结果

学生	讨论行为	讨论结果
不善讨论者	讨论活动中一言不发，东张西望	听或不听别人的讨论，未发表看法
	想发言但不敢说	未能表明自己的观点
	缺乏技巧，发言语无伦次	思路不清晰或观点不明确
	讨论中频频点头，完全赞同别人的想法	缺少主见
善讨论者	反应迅速，先发言，口齿伶俐	观点明确，思路清晰，认识到位
	先听一会儿，在中间发言	考虑全面，思路清晰
	先听别人发言，自己最后发言	总结性发言
	穿插发言，边听边说	不断表明自己的观点

从表 2-2-3 观察的情况来看，不会讨论的学生，在体育学习过程中往往一言不发或发言语无伦次，缺少自己的观点等。而会讨论的学生也有不同的表现，如有的学生反映十分迅速总是抢先第一个发言，有的学生先听别人发言而后发言，还有的学生边听边发言等。不同的讨论行为所对应的讨论结果也有所不同，有的人在讨论学习中收获很大，有的学生却恰恰相反。由此，看课的时候，我们通过观察学生在讨论中的不同行为表现，可以总结归纳学生的讨论方法，判断哪些是有效的，哪些有无效的，从而对如何指导讨论法提供参考。

（4）学生在怎么“练习”

体育课堂上，有的学生练习十分有效，有的学生练习则没有效果，通过观察，统计结果如表 2-2-4 所示。

表 2-2-4　练习行为与结果

学 生	练习行为	练习结果
不会练习者	光看不练，偷懒	不知道怎么练
	练的与老师要求的不一致	不知道让练什么
	边练边闲聊	精力不集中
	一错到底地练	不动脑，不思考，判断能力差
会练习者	边练边看别人的动作	自己的动作拿不准
	边练边听老师指导或指导同学	确保正确地练
	边练边问老师或同学	练着学着
	边练边创新动作	熟练掌握后有所拓展地练

从表 2-2-4 可以看出，对于那些不会练习的学生而言，有的是光看不练；有的是过于自主地练，而未按照老师的要求练习；有的边练习边聊天；还有的学生一开始练习就是错误动作，一错到底地练，从未想起纠正，或根本没有考虑自己所做动作是否正确。而对于那些会练习的学生而言，也同样有着各种各样的练习方法，如，有的学生边练习边看别人的动作，这样的学生是在比较着练，看自己做的动作和别人的是否一样，便于纠正自己的错误动作；有的学生在练习过程中注意听老师的指导；有的学生是给本组同学指导的，还有的是给其他组同学指导的（见图 2-2-5）；有的学生在练习的时候有问题能及时问老师或同学，这样不至于一错到底；还有一些乐于创新的学生，练习过程中，在完成基本动作或基本要求的情况下，就主动尝试有创意性的练习，这些往往是学有余力的学生采取的方式。了解了不同学生会有不同的练习方法后，我们在看课的时候，就需要时刻关注学生的各种练习，及时判断正确的和不正确的练习方法，并能够找到纠正错误练习方法的有效策略。

图 2-2-5　指导同伴练习

（五）看教法与学法的难题

对于体育教学而言，教师运用了什么教法，学生采取了什么学法，通过看课可以部分把握，但并非能够全部把握，其原因基于以下难题。

1. 教学有法而法无定法的难题

教师在怎么教，往往受教师主观意识支配，在看课的时候，我们有时会发现教师教案上写着某某教法，但实际在课堂上基于诸多情况的出现，教师并不一定严格按照该方法进行施教，这或是因为现场出现了特殊情况，需要改变教法，或是因为在教学过程中发现更适宜的教法。因此，无论是何种原因，由于教学有法而法无定法的缘故，教法具有灵活多变性。同时，不同的教师，即便是教同样的教学内容，也往往会出现所选取的教法各不相同，无论选择使用什么样的教法，都有可能达到预期的教学目标。但是，这些情况的客观存在，往往会给看课者对教法的分析和判断带来一定的难度。

2. 完整学法不易观察的难题

在看课的时候，看课者所观察到的学法，一定程度上并不是完整的学法，而是学法中的外显部分。从结构来看，学法包括内外层四个要素，其中内层包括两个核心要素，即认知策略和学习行为（见图2-2-6）。也就是说，我们能够看到学习行为，但不能看到认知策略。学生为什么要采取某种练习形式，有时只有通过对学生的访谈交流才能真正地了解。

除此之外，要想通过看课全面准确地了解教法、学法，还需要看课者自身掌握各种教法，并对学法事先有个把握。如果看课者对教法、学法知之甚少，在看课过程中就很难把握教师教的方法和学生学的方法是什么，更难以判断哪些是合理的，哪些是不合理的。

体育教学中，不同的任课教师会有相似或完全不同的教法，不同的学生学法也会有较大的差异性。对于看课者而言，观察了解教法和学法不仅是必要的，而且是有效促进教学质量提高的关键。但是，仅仅通过看课达到完全把握教法与学法是有一定难度的，因此，需要多视角、多渠道协同来完成对

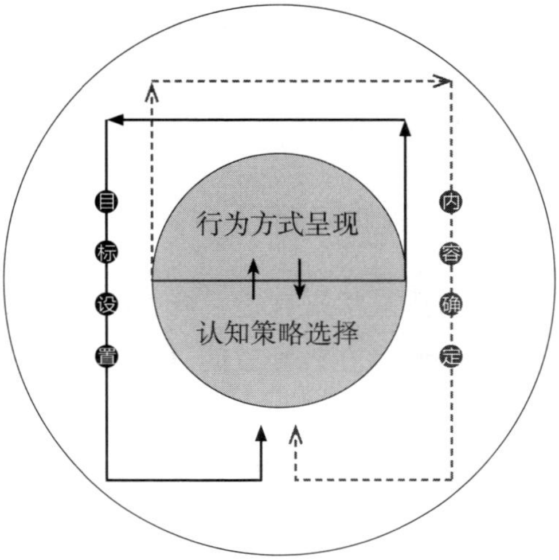

图 2-2-6　体育学法内外层四要素动态结构

教法、学法的深入了解和把握。

对看教法和学法的理论与方法做进一步的归纳，如下所述：

看教法学法

教学方法要求多，　教法学法分开说；
教学内容有不同，　教法学法要可行；
教法学法有区别，　重教轻学不正确；
学会学习有方法，　学法指导不能差；
教法选择较适应，　教学效果好断定；
学法把握较复杂，　认知策略难觉察；
教学有法无定法，　认真观察收效大。

五、听教学语言

教学语言既包括教师教的语言，又包括学生学的语言。对于体育教学而言，从课的开始部分到结束部分，教师与学生会通过丰富的语言来展开教与学。在教学中，哪些语言是适当的，哪些语言是有问题的？教师对学生的各类语言（如提问等）做出的是什么反应？应该做出什么反应？教师在教学中应如何通过语言实施成功教学？为回答这些问题，以下通过看课了解教学语言现象，并进一步分析如何有效使用语言。

（一）体育教学语言≠教师的语言

一般情况下，当人们看到教学语言这一概念的时候，很多人都会联想到教师的语言，而且更多的还集中在教师教的语言，如讲解的语言、指导的语言等。实际上，教学语言并非只是教师的语言，还包括学生学的语言，因为教师的教和学生的学，缺乏任何一个方面都很难构成教学。因此，体育教学语言≠教师的语言，而是“体育教学语言=教师的语言+学生的语言”。

很多人之所以把教学语言直接理解为课堂上教师的语言，其主要原因是长期缺乏对学生学习的关注。过去很多情况下都是注重教师的教，从教师备课开始，尽管有学情分析，但往往都难以做到深入而全面的分析，大都是模仿式的学情分析。进行教学设计的时候往往关注的是如何教，尽管有很多教师在设计中会考虑到练习方式、练习内容等，但究竟学生如何练习，最多涉及分几组、如何分组等。至于学生可能在练习中出现什么问题，在听讲或观察过程中提出什么问题，一般情况下，很少有教师顾及这些。而学生在学习过程中的各种语言，尤其是学生的各种提问，教师都不可忽视，因为学生的语言有时能起到反馈教学效果的作用。随着新课改的不断推进，越来越多的教师开始逐渐关注学生的学习，并通过对学生语言的判断与分析，调整教学进程或教学方式方法。

（二）体育教学语言多视角归类

要想在看课的过程中较为全面地把握师生语言的合理性，首先需要了解体育教学中语言有哪些，从多视角进行分类，提高看课者对各种教学语言的准确把握。

1. 从语言发出者归类

教学是教师和学生共同的活动，教师和学生这两个群体所发出的语言都是教学语言的范畴。因此，从语言的发出者进行归类的话，我们可以把教学语言划分为教师的语言和学生的语言。这两大语言都贯串在课的始终，相比较而言，我们结合长期的教学观察与总结发现，几乎每节体育课上，教师语言都会远远多于学生语言，但学生的语言也是不可忽视的。教师语言根据发出的时机不同，有讲解的、激励的、批评的、指导的，根据时机不同，教师会运用不同的语言来组织课堂教学。尽管课堂上学生语言出现的频次和数量没有教师多，但也有多种形式，如提出问题的语言、回答问题的语言、练习中的自言自语、指导同伴的语言等。

2. **从语言的作用归类**

不同的语言在体育教学中发挥不同的作用，基于语言在课堂上所发挥的作用，可以将其划分为正向语言和负向语言。正向语言包括讲解的语言、指导的语言、评价的语言、提问的语言、答疑的语言、过渡的语言等，负向语言主要指不恰当的语言或不文明的语言。各种正向语言在体育教学中发挥正面作用，如讲解的语言，是通过对动作要领的讲解，让学生对运动技术有一个初步认知，再通过观察示范和不断地练习逐步掌握运动技术；又如评价的语言，无论在评价的时候做出好的或差的判断，都能够让学生或教师有一个真实的反馈，通过这些评价的语言反思教或学的问题。而负向语言中，如讽刺挖苦式的语言，在教学中起的作用刚好相反，不但不能激励学生学习，而且有时会大大挫伤学生的自尊心或学习的积极性。如一节武术课上，教师看到一名学生压腿的时候韧带柔韧性较差，说出了“朽木不可雕也”的不文明语言，这样的语言会伤害学生的自尊心，因此，需要坚决杜绝此类语言。同样，有的时候，也偶尔出现学生挖苦教师的语言。如前文中谈到的一位教师给学生做投篮示范，两投未进，一位女生调皮地说：“老师您真棒！您怎么还没进啊！”这样的语言对教师也是极不礼貌的行为。由此我们不得不反思，教师在教学中缺少了什么，是运动技术动作掌握不熟练、不过硬，还是教法不合理，或是学法指导不到位等。因此，体育教学中听到的各种语言，都会或多或少给看课者带来一些启发。

3. 从语言的形式归类

如果从发出的形式来分的话，我们可以将体育教学中的语言分为口头语言和肢体语言。这两种语言比较来看，口头语言起主导作用，肢体语言是辅助作用。口头语言既包括教师的语言也包括学生的语言，肢体语言不只是教师的肢体语言，在体育教学过程中，也会看到学生的肢体语言。如当教师提问的时候，学生举起手要求回答问题，尽管学生没有出声，教师也能够明白学生的意图。有时，教师并没有提出任何问题，学生也会在听讲、练习等环节举起手，表明学生有问题要咨询老师，而不是要回答问题。另外，学生在听讲或观看教师做示范时的各种表情，也无形中透露出学生听讲的效果，听讲或观察中将眉头皱起，大多数情况下表明学生没有听明白或没有看清楚。当然，对于那些不认真听讲的学生来讲，或许皱起了眉头说明听得不耐烦了。然而，并非学生的表情时时处处都能有一个准确的反映，有时只是起到一个辅助判断的作用，但是，教师不可完全忽视学生在体育学习活动中的肢体语言。

除此之外，根据不同的分类依据还会有更多的类型划分形式。如根据体育教学语言的效果可以划分为有效语言和无效语言，或亮点语言、普通语言、问题语言等。

（三）体育教学中的问题语言

从课的开始到结束，体育教学语言可以说几乎是无处不在，但并非所有的语言都是积极的、正向的，有些语言由于使用不当可能会适得其反。因此，了解体育教学中的问题语言，有利于我们对有效语言的正确把握。

所谓问题语言，就教师的教学语言而言，一类是想达到但实际上未能达到积极正向引导作用的语言，如本来想表扬学生，却没有达到激励作用，反而有可能会由于表扬一个学生而打击了一些学生；另一类是不恰当、不文明的语言，如当学生学动作慢时，有的教师骂学生“笨得像头猪”；还有一类是中性的语言，这类语言可能是可有可无的语言，甚至是完全没有必要的语言。

大家都知道，体育教学要求精讲多练，凡是不能起到积极引导或发挥正向作用的语言应尽量避免。当然，还有一种情况就是，个别教师有语言重复习惯，其中过渡性语言的重复现象尤其突出。

就学生问题语言而言，有时也会偶尔出现。如教师在讲解的时候，学生除不注意听讲，还不时地打断教师的讲解，干扰教师讲解的思路；有的学生在教师做示范的时候，提出离奇的问题或不合乎常理的要求；有时，上课过程中学生不认真听讲和练习，而是两三个同学一起聊天，谈论与学习无关的话题；有的学生直接与教师顶撞，说出一大堆的理由逃避练习等；还有的情况是，学生说出不文明的语言，如一位教师在操场上跑步，有学生看到，对另一位学生说："兔子才跑步呢!"以上这些问题语言，实在令教师气愤，不过从另一个侧面也需要考虑，为什么学生会对某些教师说出不文明语言，教师是否有做得不妥之处，等等。总之，体育教学中的语言不可忽视，因为，有的语言在教学中发挥着重要作用，有些不文明语言对师生的心理会造成一定的负面影响。因此，我们通过看课，逐步归纳教学问题语言的特点或规律，能够对有效教学提供参考。

（四）看课分析教学语言的视角

看体育课分析教学语言的时候可以从多个视角切入，而且看听的方法也有若干种，下面对几种比较有效的视角与方法加以分析。

1. 从教师教的语言切入看课

体育教学中教师的教学语言多种多样，在不同的教学环节，会用不同的教学语言。比如，开始部分集合整队后的常规语言宣布课的内容；基本部分讲述动作要领的讲解性语言，指导学生练习并纠正错误动作的指导性语言；结束部分小结课的总体情况及存在问题的总结性语言等。其中各个环节还有很多表扬、批评、过渡等语言形式。

教师的诸多语言中，有些语言具有很强的技巧性，有些语言或许不太恰当；有些是口头的语言，有些是肢体的语言。作为看课者，要全面了解教师的语言，并要对教师的语言进行较为全面的记录和分析。无论是华美的语言还是有问题的语言，从教师的教学语言切入的时候应尽量做到全面把握。

2. 从学生学的语言切入看课

体育教学中，学生的语言在教学的各个环节也有可能出现，而且，语言形式也会多种多样。就口头语言来说，学生与教师相互交流的语言，有听讲过程中尚未听懂的质疑性语言，有练习过程中遇到问题的提问性语言，还有在学习过程中与同伴相互交流的语言，如与同学相互讨论探究问题的语言、同伴之间指导的语言等。就肢体语言来说，当教师提出问题需要学生回答的时候，有些学生有可能会举起手示意回答问题，还有的学生有可能用摇头的方式拒绝回答。除此之外，在练习过程中，难免会看到有个别学生态度不积极，实际上，学生的练习积极性也可以理解为一种语言，积极性高的学生练习的次数、动作到位程度都有所反映；相反，有偷懒现象的练习，可以判断出学生的学习积极性不高。尽管学生并没有通过口头发出任何声音，但细心的观察者能够通过学生在练习过程中的各种表现做出相对准确的判断。

3. 从亮点和问题语言切入看课

体育教学中的语言，无论是教师语言还是学生语言，都有可能出现值得学习的亮点语言或精辟语言、技巧语言等，还有可能在课堂上出现影响教学效果的问题语言。如果在看课的时候能及时关注这些语言，对促进语言的有效性以及避免问题语言在课堂上再次出现具有一定的作用。

亮点语言在促进教学效果方面会起到积极的作用。如当学生跑步难以坚持的时候，教师说："来，我和你一起跑，比一比看谁先跑到终点。"这样的语言一般情况下能起到良好的激励作用。还有的时候这样的语言是由学生说的，如一位学生一听到老师布置跑步任务就心里发怵，当老师发出这样的指令后，这位学生说："老师，您能陪我一起跑吗！"结果，这样的语言还挺奏效，这位任课教师二话没说，就陪着学生在操场上跑了起来。无论是教师还是学生，当在体育课堂上发出这样的语言时，给对方带来的都是激励和引导。有的时候，在维持纪律方面，有的教师的语言也能起到积极的正向引导作用，并能迅速达到目的。如小学三年级的一节体育课，当老师组织完小组之间的游戏比赛后，两组学生由于对比赛结果有争议而争吵起来，甚至动起了拳头，老师没有上前制止，更没有批评任何一个或一组学生，而是说“看哪一组同学先站好”，这时，无论是其他学生还是相互争吵的学生，都迅速站在了自己的位置上。这样的语言在维持课堂纪律方面呈现了一定的技巧性，同时，也起到了意想不到的作用。

某种程度上，问题语言具有独特的研究价值，因为只有了解教学中的问题语言、问题类型以及产生问题语言的根源，才能在教学中尽可能地避免问题语言再次出现。如不切实际地使用过度表扬性语言，不但不能起到很好的激励作用，有时在很大程度上甚至起到消极影响。有些批评的语言处理不当也会伤到学生的自尊，如有位老师对跑得慢的一位学生说：“你跑步怎么像乌龟似的。”另外，还有些语言是错误指导性语言，当学生在练习过程中出现错误，教师想给予正确的指导，但教师不能清晰地说出问题产生的根源，而且，指导的时候也未给出正确的语言引导，如有教师在指导中说：“你那样做不对，应该这样做而不应该那样做。”到底该如何做，实际上该任课教师并没有讲清楚，这样的语言就不利于指导学生，也难以提高学生练习的实效性。

4. 从单一语言切入看课

根据语言所发挥的功能或作用，可以将体育教学语言划分为讲解语言、指导语言、激励语言、批评语言、过渡语言等，看课者可以根据需要从某单一语言切入，如从讲解语言切入，了解讲解语言运用的情况，总结其技巧方法，发现不利于促进教学效果的语言现象。

由于教学讲解几乎在所有类型的体育课上出现，因此，对于看课者而言，有必要单独就讲解的语言进行专题性探讨，而且，教师在教学中是否做到了精讲，精讲的度是如何把握的，需要不断地从“讲解语言”看不同教师的体育课，或者看同一教师不同时段的体育课，通过不断总结才能全面系统地把握讲解语言。有些教师讲解方法非常得当，学生听讲后很快能领悟动作方法和教师的意图；而有些教师讲解的语言除了不够精练，还有可能出现讲解错误或背诵式的讲解形式。基于此，及时了解教师讲解语言的合理性、有效性、准确性，以及是否有讲解的技巧等都是看听“讲解语言”时应该重点把握的内容。

除此之外，还有很多的视角可以切入了解体育课上的教学语言，如有的从整体切入，也就是说，要分析课堂上师生的所有语言。无论从哪个视角切入，都能全面了解语言的有效性等问题。

（五）看课分析教学语言的步骤与方法

对于看课者而言，确定了看课的视角，只是迈出了第一步，只有准确分析教学语言采用什么样的具体方法与技巧，才能全面而系统地掌握教学中出现的各种语言。下面介绍几种有效的方法，供看课者参考。

1. 记录法

在看课的过程中，有些人善于记录，而有些人则相反，对于分析教学语言来讲，如果不及时记录教学中出现的各种语言，就难以对语言进行分类、分层，更难以进一步分析语言的优劣，也难以得到更多更大的收获。基于此，及时、全面、准确地记录是分析教学语言最基础的工作。从记录的内容来看，要尽可能地做到全面、具体；从记录的形式来看，要尽可能多样，如用文字、符号、图示等方式记录。例如，记录好的语言和差的语言就可以分别用“√”和“×”标注，或用不同颜色的笔加以区分；有时语速快的时候，也可以用各种速记符号代替，也可以用图示标注，如练习方式，老师说两人一组进行行进间传球练习，可以用两个三角或圆圈代表两个学生，用虚线代表两人传球，用箭头表示传球方向等。看课的时候，只有及时将需要记录的教学语言如实记录下来，才能更有针对性地分析。

2. 归类法

看完一节或多节体育课后，如果采用记录的方法，一节体育课会记录下很多的语言内容，在此基础上，我们应该对所记录的语言进行梳理，并大致分类。分类的视角，可以从教师和学生的角度进行分类，还可以按语言的作用进行分类整理，也可以按语言的效果进行分类等。只有分类，语言的归属关系才能够相对比较清晰。如对讲解性语言的记录，我们可以把不同的课上教师的语言做一个横向的比对，还可以把一位教师各种类型的课上的讲解语言进行前后纵向比较，比较其差异性或变化规律，总结其教学语言风格等。

3. **分析法**

语言通过梳理归类后就要进行分析，在分析的时候，要能够对语言有一个基本的判断能力，并能把握哪些语言是有效语言，哪些语言是问题语言，只有经过判断，在分析的时候才能做到全面而深入。分析体育教学语言要根据需要切入，假如需要分析学生在体育教学中的所有语言类型及原因，那么，我们在前两步记录与归类的基础上，要逐类展开分析，可以分析学生回答问题的态度、形式与内容等，如看学生想不想回答、哪些学生在回答、答案是否正确、有多少错误的答案、为什么会出现错误的答案等。还要分析学生在体育课上的各种提问，如中长跑教学过程中，有学生问："老师，我怎么跑着跑着感觉到呼吸困难啊？""跳山羊"课上，有女生问："老师，我怎么总是不敢跳啊？"看课者把所记录下来的各种各样的提问内容，分析判断都是哪类问题，进而分析为什么会出现这些问题，应如何解决。同时，分析这些提问，还需要关注或附加记录教师对学生提出各类问题的应对情况，是不管不问，还是认真思考并逐一回答。在看课中，我们只有分析得越全面、深入，所获得的信息才越有价值和意义，收获就会越大；否则只看不分析，看课的意义就很难体现。

4. **总结法**

无论是什么样的看课目的，看课分析教法与学法也好，看课分析教学语言也好，最后都需要一个总结过程，做到看课有始有终。一方面，需要总结看课的过程与结果；另一方面，需要从看课对体育教学语言的了解进行反思，比如，看课的方式方法有无问题？切入点找得是否准确？是否在看课的切入点选择或方式方法选用方面留有遗憾？最大的收获是什么？哪些对自己的教学有启发或有借鉴意义？不但要总结，还要将总结落实到文字上，而且，最好每次看课分析后都要及时用文字总结出来，总结得越全面，收获就越大，提高的程度就越明显。在总结的时候要善于与他人交流，既可以与任课教师交流，也可以与一起看课的老师交流。如果看的是一节课例视频，最好能够将完整课例反复看或关键环节多次回放，以便准确把握教学语言；假如课例后面附有专家点评，最好能够参考专家点评，综合自己对课上教学语言的判断，最终做出相对比较客观的看课心得与体会。

在看课中，并非每位看课者都能够关注到教师和学生在教学活动中的语言，教学语言不但能够反映出教师的教学水平或技能、技巧，也能够通过学生的语言反馈教师的教学方式方法运用得合理与否。也就是说，如果把教学语言作为专题进行研究的话，可以获取很多有价值的信息，在全面了解教学语言各种现象的基础上，通过分析和总结，更进一步认识体育教学中哪些语言是恰当的，哪些语言可能是有问题的，只有通过不断地看课并做好及时的分析总结，才能更有利于对体育课上教学语言的准确把握，提高语言的运用技能，并能更好地、认真地对待学生的各种语言，从而提高体育教学的有效性，最终为提高体育教学质量服务。

对如何听教学语言做进一步归纳，如下所述：

听教学语言

教学语言类型多，教师学生分开说；
分析判断按需做，视角不同有把握；
教师语言重讲解，文明与否分开写；
问题语言不放过，深入分析能纠错；
学生语言也不少，提问回答课中找；
问题语言不常有，调皮捣蛋显身手；
亮点语言要记牢，经验总结少不了；
单一语言有区分，激励指导增自尊；
看听语言有技巧，记录归类方法好。

六、看学生的表情

在日常生活中，我们经常可以看到人的各种各样的表情，在某一场景下，不同的人既有可能有同样的表情，也有可能因心理反应表现出不同的表情。体育课上每个学生在学习的时候，也同样存在表情的变化，不同的表情可能代表不同的学习心理状态。因此，为提高教学的有效性，认真而仔细地观察学生在学习过程中的各种表情十分必要。在体育课上，学生都有怎样的表情？不同的表情代表什么含义？如何对表情进行定位？任课教师该如何通过观察学生的表情调整教学方式手段？为回答这些问题，以下重点对学生的表情问题进行观察与分析，旨在为一线教师更好地观察和把握学生学习中的细微变化，及时调控课堂节奏或方式方法提供一定的借鉴，从而有利于及时关注学生的学习动向，促进学生学习效率的提高。

（一）体育课堂学生表情的定位

体育课堂上，我们有意无意中会听到学生爽朗的笑声、唉声叹气的不满声或同学之间的争论声，当我们观察学生的表情时，会发现不同的声音伴随有各式各样的表情。有的表情代表学生发自内心的喜悦、兴奋之情（见图 2-2-7），有的表情好似流露着不满情绪，甚至是一种愤怒的情绪。当我们仔细观察并认真思考时会发现，这些表情与不同的教学情节相对应。如当老师表扬某一位学生的时候，被表扬的学生会露出自信的微笑，而个别学生也很有可能由于忌妒而不满，当然，大多数学生会表现出羡慕的表情；相反，当老师批评某一位学生的时候，尤其是年龄小的学生受到批评，往往会噘起小嘴，或拉长小脸，与此同时，也很有可能，个别学

图 2-2-7　体育课上学生的喜悦表情

生因抱有侥幸心理而窃喜。这说明学生受到不同的教学语言刺激会有不同的表情，而且，同样的教学语言刺激，不同的感受者，表情也有可能各异，这些表情常常是十分自然的，不带有任何修饰的，是学生最真实的情感表达。

那么，我们该如何对体育课堂上的学生表情进行定位呢？体育课堂学生的表情是基于一定的教学情节表露出来的情绪变化或状态，不同的教学情节中学生有着不同的情绪表征，不同的情绪表征隐含不同的心理应激反应。因此，体育教学中，教师要善于通过观察学生的表情，并依据学生的学习行为特点，判断学生的心理反应。体育课堂表情观察得越多，做出的判断就越准确，教学的有效性自然就更有保证了。

（二）体育课堂学生表情的分类与分析

在体育教学实践中，由于不同的表情代表不同的含义，不同的表情反馈教学效果的差异性，因此，对表情的类别进行归纳尤为重要。而且，不同的分类依据，所划分的表情类别会各有侧重。

1. 从表情的引发者来分

依据表情引发者的不同，可以将其划分为由教师语言引发的表情、由教师行为引发的表情；还有一些表情是由学生引发的，其中一类是由同伴言行引发的表情，还有一类是由学生自身对体育运动技能学习的情感体验引发的表情等。如表 2-2-5 所示。

表 2-2-5　从表情的引发者分类

引发者	方　式	教学环节	举　例	含　义
教师	语言	讲解	皱眉头	没听懂
			微笑点头	听懂了
		表扬	微笑或伴随脸红	高兴
		批评	噘嘴、斜眼看老师	不满
	行为	突然击掌	瞪大眼睛看着老师	惊奇
		示范失利	皱眉、偷笑	不解

续表

引发者	方式	教学环节	举例	含义
同伴	语言	竞赛获胜而欢呼	眉开眼笑、欢呼雀跃	兴奋
	行为	展示动作	目不转睛	羡慕
		展示动作错误	绷嘴、皱眉	着急
自我	动作体验	展示动作错误	手托下颌、表情严肃、沉默不语	反思
		完成难度动作	面带微笑、握拳示意	成就感

表 2-2-5 所示的各种表情，随着引发者的刺激方式不同而有所区别。无论表情的引发者是教师、同伴，还是学生自己的切身体验，我们总能从学生的表情中发掘出表情产生的心理动因，用以推断各种表情所表达的不同含义。如当教师在示范的时候，一旦失误，有时，会看到学生有皱眉、偷笑等情绪反应，可能代表着“老师怎么能失败呢”以及“老师都做不了，我们怎么能学会呢?”等含义。

2. 从表情的特殊性来分

体育课上学生的大多数表情，都是较为自然的，或者说是教师能够预料的。但我们也会在观察中发现，有的学生表情超乎意料，对于这样的特殊表情，更需要引起我们的注意。从这些特殊的表情中，我们有可能读出更多、更为复杂的内涵，对这些表情进行归纳，如表 2-2-6 所示。

表 2-2-6　从表情的特殊性分类

表情	特点	组合	举例	含义
普通表情	简单	单一	听到老师的表扬后微笑	高兴
			看到同伴前滚翻不能完成，握拳、皱眉	不安
			听到老师的批评转头斜视	不屑一顾
			听到老师的批评低头默许	认错

续表

表　情	特　点	组　合	举　例	含　义
特殊表情	复杂	两种以上	观摩课上老师提出问题后，左顾右盼，想回答但又不敢回答	紧张
			观摩课上比赛获胜，表情淡漠，偷着乐	压抑
			常态课上搞恶作剧，似笑非笑	纠结
			常态课上听到别的同学被表扬，噘嘴瞪眼	忌妒
			听到老师的批评，不屑一顾	藐视

从是否具有特殊性上对学生表情进行归类，我们会看到，特殊的表情往往相对比较复杂，而且多数是由两种以上的情绪体验综合而成。如在常态课上，有学生搞恶作剧后，学生的表情就较为复杂，因搞笑想乐但又不太好意思，所以，会有哭笑不得的矛盾心理。

3. 从表情的兴奋性来分

体育课上不同的外界因素会引发与之对应的情绪状态，当然，在一定的外部因素诱导下，有的学生的表情含而不露，有的学生的情绪变化直接挂在了脸上。通过观察，我们能够对学生表露出的各种表情效果加以区分，如表2-2-7所示。

表 2-2-7　从表情的兴奋性分类

情　绪	引发原因	特　点	举　例	含　义
兴奋类	比赛获胜；做自己喜欢的运动或游戏	手舞足蹈，大喊大叫	前仰后合地开怀大笑 快速伸出两个手指，打出成功的标记，并发出“耶”的声音	高兴
	失败、不服气	咬牙切齿，摩拳擦掌	瞪眼、绷嘴、转头斜视，用力砸拳、跺脚	气愤

续表

情　绪	引发原因	特　点	举　例	含　义
平静类	比赛或输、或赢	纹丝不动	表情淡漠，有人眼睛左右转动，有人眼睛注视斜下方	淡定
	做不太喜欢的运动	按部就班	沉默寡言，无精打采，眼神无力	不悦
	做喜欢做的操	动作缓慢、摆头	眼睛微闭，仰头，面带微笑	陶醉

从表 2-2-7 我们可以看出，兴奋类的表情和平静类的表情差异较大，看课的时候，除了要善于观察学生为什么而引发兴奋，更要观察那些遇到输赢表情的学生所显现出的表情。因此，教学中，任课教师要善于观察、分析并及时调整，有利于把握学生的心理动向，便于指导学生有效学习。

（三）体育课堂学生表情的观察方略

无论是常态课还是观摩课，体育教学中需要对学生的不同表情进行观察和分析，一方面，看一看表情是否真实；另一方面，看一看表情有没有变化，什么情况下发生的变化。为此，需要在观察学生表情的时候把握好以下几个关键点。

1. 从全体学生的表情变化规律推断课的效果

从一节体育课上，我们可以从学生表情的变化来推断学生学习的效果，或学习过程中学生的不同体验。那么，学生表情有可能发生哪些变化呢？从全班学生来看，大多数学生的表情在一节课上经历了什么过程，是从兴奋到平静，再从平静到兴奋的不断交替反复，还是从平静到兴奋、再兴奋的高涨情绪持续过程，或是整节课都没有看到从平静转向兴奋的情绪状态等，这些不同情绪体现在面部的表情，都是不同心理反应的外在表现。因此，认真观察体育课堂大多数学生的情绪变化及其规律，有助于及时推断课的效果。

2. 从单个学生的表情变化特点探寻最佳教学组织方式

在观察学生的表情时，除了需要观察全体学生的表情是如何变化的，是什么原因导致的变化外，更重要的是要关注学生个体，只有这样才能深入学生的内心世界。如有的学生，表情属于常态化，听到教师鼓励、表扬等激励性语言，会露出微笑，甚至不自觉地耸肩，或情不自禁地向上跳跃，流露出高兴的神态，表达出喜悦的心情。但我们不可忽视，难免会有个别学生，无论是听懂没听懂，还是看懂没看懂，都未显现出表情上的变化。究其原因，或许是对学习某项技术的兴趣不高，或许是不善于把内心的感受通过表情反映出来。对于这类学生，就难以把握他在想什么，也就是说，很难通过这些学生的表情调整教学的方式方法及其内容，这就需要长期关注这类学生，力求通过其他渠道了解他们的情绪表达方式。如有的学生在任何内容的课上都表现很淡定，很难露出微笑，也很难有纠结的情绪表达，但我们通过长期观察发现，当让这些学生当小组长带领大家一起练习的时候，能够看出他们兴奋的一面，如积极参与各种活动、协同老师维持课堂纪律等。因此，观察不能流于形式，更不能完全按常理去推断，而是要做到具体情况具体分析，从而找到有效组织课堂的最佳方式。

3. 观察学生的表情要与教学环节相关联

学生之所以在体育教学中会显现出不同的表情，而且大都能够被观察到，其主要原因是，很多表情与教学环节密切相关。因此，无论观察到何种表情，尤其是特殊表情，最好能够思考是内容的问题、组织形式的问题，还是教学方法的问题。有时，学生很喜欢所学的内容，但由于组织形式不够新颖，学生往往很难表露正常的积极情绪。如在讲解时，发现有相当一部分学生都紧皱着眉头，目不转睛地盯着老师，这反映出学生大都在认真听讲，但通过观察学生紧皱眉头的表情，我们需要反思一下教学语言，语速是否过快，语义表达是否含糊，是不是专业术语需要做进一步通俗化解释；又如，教师在示范的时候，发现一部分学生东张西望，教师需要立刻停止示范，进一步强调观察示范的方法，即做出观察法的具体指导。这种现象，或许学生是由于不知道如何观察才溜号，或许是由于其他班级上了不同内容的课而被吸引。另外，学生在学习过程中的特殊表情，也需要引起我们的高度重视，如观摩课上学生不自然的表情，或许学生是由于看见了听课教师而紧张的缘故，或许在本应引起兴奋的环节难以兴奋，但又有兴奋的冲动，结果不自觉地露出了紧张的笑容，表情当然会不够自然。发现这种情况，教师要能够给学生以心理暗示，并采取恰当的方式让学生放松下来，如练习队形转为背对听课教师，学生就有可能减少紧张感。还有，在提问环节，一旦事先发现学生紧张，教师可以把原来设计的单个学生回答问题的方式，临时改变为教师引导下全体学生共同回答问题的方式，尽量减少因学生紧张而产生的尴尬局面。

4. 体育课堂学生表情与组织教法的调整

（1）依据学生的表情调整教学组织方式

学生在体育课堂上的各种表情，代表着真实的心理体验。如有的学生在教学过程中，自始至终都面带微笑，说明心情比较愉悦，同时也说明该学生是乐学与善学的。对于这样的学生，即便是用传统的填鸭式教学法，也有可能达到较好的教学效果。而有的学生在课堂上，无论遇到什么教学情节，都难以露出一丝笑容，即便是有微笑，时间也十分短暂，这说明该学生对体育课兴趣不高，或对所安排的教学活动形式比较反感。在教学的时候，教师需要依据学生表情的变化特点，采用丰富多样的教学组织形式，尤其要考虑其新颖性；否则，仅用传统的方法很难激发学生参与的兴趣，也就难以达到理想的教学效果。

（2）依据学生的表情采取激励性评价方式

大多数学生在听到老师表扬时，能做出兴奋、喜悦的表情，参与的积极性往往会随之增高，因此，在教学过程中，教师要能够不失时机地看到学生好的表现，或点滴进步，并采取表扬的语言，激励学生更积极地投入下一个练习中去。尤其是那些对老师的表扬特别在意的学生，有时表扬会起到意想不到的效果。当然，对于教师而言，要养成善表扬、少批评的习惯，不能一发现学生的错误就指责学生，甚至有的教师看不到学生的进步就讽刺挖苦学生，这样做的结果很容易导致师生关系的疏离，引发学生的抵触心理。因此，基于学生这些特点，体育课堂上的表扬少不得，批评多不得。

（3）依据学生的特殊表情重点分析学生的心理特征与特殊需求

学生在体育课上或多或少地会流露一些特殊的表情，只要认真观察就能够从中发现学生的心理特征，发掘特殊表情的引发根源。如观摩课上不自然的表情，是大多数学生在常态课上过于放松而在观摩课上又不得不“老老实实”，甚至不敢有个人的想法和做法的紧张与自我约束的表情，即便是教师用语言提示“不要紧张”，也难以及时消除这种情绪反应。往往在课进行到一段时间后，如到基本部分的中后期，学生的表情会逐渐趋于自然和放松。基于学生的这种特殊的表情变化，一方面，教师需要在常态课上提出严格要求；另一方面，要教育引导学生树立自信，教师可以告诉他们，要学习的动作不难，通过努力都能掌握，而且回答问题的时候，对错并不重要，关键是要勇于回答问题等。当学生养成了常态课上严肃认真而又不失自主性的学习态度后，观摩课上就会有充分的自信，这样的话，不太正常的表情就会渐渐消失。有时候，我们所看到的学生的特殊表情，是因为特殊的情绪体验造成的，如表扬别人的时候，同学们并非都一起喜悦，为他人高兴，有的忌妒心显现，恼怒之心横生。这样的学生表现出心理不成熟的一面，缺少谦虚谨慎、互相学习、共同提高的优秀品质。因此，教师在心理健康教育和社会适应教育方面要有所强化。

（4）教师保持良好的情绪以激发学生积极地学习

学生在体育课上的表情一定程度上受教师情绪的影响。有的教师教学语言具有亲和力，学生自然就会放松，甚至随着老师的喜悦而高兴，随着老师的严肃而紧张。因此，为了要学生保持一种良好的学习情绪，教师首先需要调整好自己的情绪。值得提出的是，教师对学生的关心、爱护、帮助、理解等对学生的影响都是正向的；相反，如果是对学生漠不关心的教师、大大咧咧的教师，甚至讽刺挖苦学生的教师，学生在体育学习过程中的表情就会变得复杂，也就很难通过学生的表情判断实际的教学效果。

体育课堂上的学生表情无处不在，不同性格特征的学生，遇到同样的教学情节有可能流露出不同的表情；不同的教学情节，同一个学生也会有不同的情绪表达方式。体育教师要想不断地提高教学质量，让学生学会、会学又乐学，观察学生的表情显得十分重要，而且，通过对所观察到的表情进行归纳和总结分析，及时调整组织教法更为必要。教师在教学过程中，做到心中有学生，及时捕捉学生各种普通的、特殊的表情特征及规律，就能更好地驾驭课堂。善于观察是教师心中有学生的体现，对观察结果的分析与及时调整教学，更是教师会教的重要标志之一。

对如何看学生的表情做进一步归纳，如下所述：

看学生的表情

体育课上表情多，　课堂观察逐一说；
特殊普通要分明，　兴奋平静各不同；
学生表情有变换，　分析思考多判断；
观察方略不放松，　组织教法要贯通；
变化规律把握牢，　教学细节调一调；
表情特点有分辨，　观察记录能呈现。

七、看场地器材

对于体育课而言，场地器材的有无、数量的多少、质量的优劣、布局是否合理等对体育教学效果都起着至关重要的作用。如何通过看课了解场地器材运用的合理性？存在哪些突出问题？有哪些可借鉴之处？这些都是看课者需要重点考虑的问题。下面对场地器材在体育课中存在的问题、场地器材布置情况的观察视角与方法、分析的切入点选择等进行探讨，旨在为一线教师更好地把握体育课上场地器材的合理布局，从而提高教学的有效性提供参考。

（一）体育课场地器材运用诸现象分析

几乎每一节体育课都要用到一定的场地器材，只是不同的教学内容和组织方法，不同的场地器材条件，场地器材的选择和布置情况有所差异，但问题在于，无论是场地器材的多少与大小，在选择与布置方面都或多或少地存在一些有待改进的地方。下面从器材的多少、场地的大小的不合理运用情况进行多角度分析。

根据象限分析法把场地器材按照大小和多少来归属，可以将其划分为四种情况，如图 2-2-8 所示。

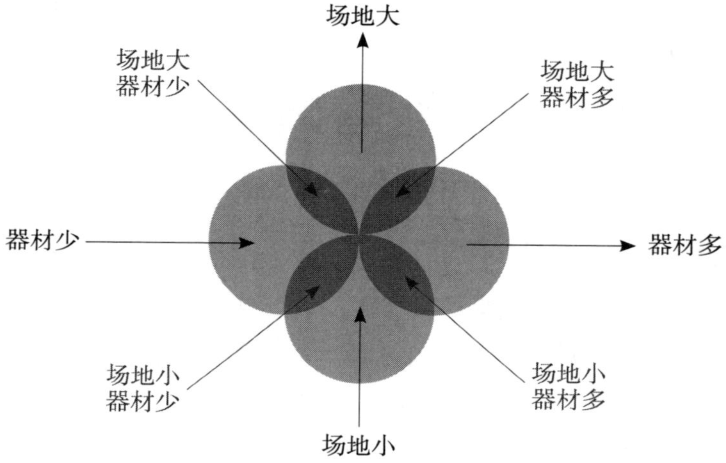

图 2-2-8　场地器材大小与多少的分布情况

从图 2-2-8 不难看出，就学校的场地器材而言，有可能存在“场地大器材多、场地大器材少、场地小器材多、场地小器材少”这四种情况，而且，根据学校条件的不同所占比例有所不同。就场地器材的大小与多少的单个情况来看，目前尽管有些学校器材多或场地大，但依然存在选择和使用方面的不合理现象；对于器材少、场地小的学校，本应充分利用现有条件合理或巧妙运用，也同样存在未能有效利用这些现有条件组织好课堂的现象。这些现象若长期存在，将不利于体育教学质量的提高。

1. **“器材多”的不合理运用现象**

并非所有的学校都缺乏体育器材，相反，有部分学校的器材闲置现象突出，不但同一类器材丰富，而且种类繁多，但就体育课堂上利用的器材种类与数量而言，依然不是很充分。有些教师未能充分考虑到学校已有的器材充足的优越条件，而是仅仅限定在所教运动技术自身的器材（如篮球课上仅用篮球），或自己专业领域的器材使用。究其原因，一方面，教师未能充分调动其主观能动性，合理利用现有充足的器材丰富课堂内容和组织形式；另一方面，很大一部分教师依然停留在过去的专业特长，未能在专业技能方面有所拓展，一些新兴项目的器材利用率并不高。除此之外，由于校园安全事故频繁地发生，尤其是体育活动中存在一定的安全隐患，教师更加谨慎，加强安全知识和防范措施，其结果，很多学校的体操器材，尤其是单双杠开始从操场合理位置被挪到了墙边上，或干脆被抬到器材室，担心学生在上面攀爬或翻越酿成伤害事故。因此，一些学校体育课上就不再教器械体操。2011 年笔者对某市体育教育质量监测的时候，在调研中曾问该市的一位体育老师："你们上不上体操单双杠课？"他的回答是："谁敢上，出了问题谁负责？"这样的担忧，必然会导致器材闲置。

2. "器材少"的不合理运用现象

无论是城镇学校还是农村学校，各校之间的体育器材都或多或少地有所不同，甚至有的差异很大。器材少的本应充分利用有限器材组织好课堂，但实际教学中并非完全如此，有的学校器材条件有限，但在现有的条件下仍存在器材浪费的现象。如有一所学校，篮球数量本身就不足，全校仅有 4 个篮球，可在组织体育教学的时候，有的教师把其中的两个篮球悬挂在半空中做跳起摸高的标志物使用。本来标志物是可以用任意物体替代的，却用为数不多的篮球，这种现象反映出，尽管器材比较缺乏，但依然存在器材浪费的现象。

另外，有些学校班级人数多，应尽量采用选择两项内容进行分组轮换教学，以避免器材不足的问题，但很多情况下并非如此，结果出现因某类器材少而练习密度不足的现象。如果能够在组织课堂教学的时候充分考虑到器材的整合，便可以达到较好的教学效果。也就是说，器材不足并不是就无法组织好教学工作，实际上，如何充分利用现有器材或整合现有器材有效组织体育课堂才是至关重要的。

3. “场地大”的不充分运用现象

除了各校之间器材会有一定的差异外，实际上，场地面积在不同类型学校中也存在一定的差异。有些学校不但有标准田径场，还有室内体育馆，阴雨风雪天气依然能够正常组织体育教学，而有些学校并非如此。问题在于，即便是条件优越的大场地学校，也未必能够有效充分利用并很好地组织，有些依然是利用事先设计好的很小一块场地安排相应活动。对于体育课而言，学生的活动空间尽管不是越大越好，但是如果有较充足的场地，还是应该尽量把学生活动空间安排得宽松一些，如篮球场地较多时，篮球课就应尽量分组多一些，不至于全班学生集中在一块或两块篮球场上“扎堆式”练习。

4. “场地小”的不巧妙运用现象

一些学校，尤其是城市学校，小场地较多，组织体育课或其他体育活动都会受到限制，很多练习方式都不得不取消，致使正常组织有效教学受限。假如客观条件已经决定了是小场地，无法在较短的时间内得以改善，对体育教师而言，就应该想尽一切办法巧妙地安排，最大限度地利用现有场地组织好体育教学。然而，在实际教学中，并非所有的小场地学校都能被巧妙地安排和利用，相反，有些教师一味地埋怨说“巧妇难为无米之炊”，结果上起课来如同应付差事似的；还有些教师，遇到场地小上课班级多的时候，干脆就带学生回教室自习，这样的做法显得更不负责任；当然，也会有个别教师在小场地教学中，想尽一切办法巧妙运用现有场地有效组织教学，如合班上课、内容调整、时间延伸、动静结合等很多方式都是巧妙运用小场地的做法。

由以上现象可以看出，当前，无论器材多还是少，也无论场地大还是小，都存在不合理、不充分和不巧妙运用的现象，这些现象对体育教学效果或多或少地会带来一些负面影响。对于看课者而言，除了能够看出不同类型场地器材存在的不良现象外，更应从中发现，哪些安排是合理的、有效的，哪些是能够让你眼前一亮的，并能从各种信息的获取中分析体育课应该如何布置场地、如何巧用器材等。

就一节体育课而言，我们能够独立地看到场地或器材利用的情况，但更多的情况下，场地器材是难以分开的，也就是说器材是在一定场地上被利用的，器材应该摆放在场地的什么位置、大小不同的场地如何布局等更是我们在看课的时候应该综合把握的。对于场地大、器材多的学校，或许这一问题变得很容易，而对于场地小、器材少的学校，问题就变得复杂得多，但无论如何，我们既可以从看课过程中获取各种合理与不合理的场地器材布局信息，又能够进一步发现问题所在，通过分析与思考，还应找到进一步改进的措施，这既是对每一位看课教师的基本要求，又是对教师教育教学能力的考验。

（二）看课与分析场地器材的视角与方法

体育课上场地器材的布置是否合理，关键在于，能否准确把握场地器材信息，分析其合理性。对于看课者而言，不但需要多视角看体育课上的场地器材，更需要掌握一定的方法技巧准确判断其合理性，以及找到不合理的原因和制订纠正方案。

1. 体育课上看场地器材的视角

判断体育课上场地器材选择、运用、布局是否合理，需要看课者从多个角度切入，诸如类型、面积、数量、方位等固有要素，还要看其生成要素，如安全防范、时间效率，除此之外，还要看有无干扰因素，特点亮点何在。在此基础上，要对整个教学设计有一个反馈，最终判断其设计是否合理，从而找到问题产生的根源，也就是说，看场地器材的选择运用及布局，要判断好在哪儿，差在哪儿，要能看出问题并找到解决问题的策略。

（1）看场地器材的固有要素

看体育课场地器材，需要看的内容很多，要有一定的层次性。如果说固有要素是第一层次的话，那么我们可以把看固有要素作为看课的第一步，以此来获取看场地器材的基本信息，如果缺少了这些信息，后续的分析就难以展开。看固有要素是最简单的看课内容，只需记录下看到的客观现实。例如，就类型而言，需要了解选择了哪类器材，如果是体操类，要看是体操的双杠、单杠，还是技巧的垫子，或支撑跳跃的跳箱、山羊等；如果是武术类，看有无用武术器械，是什么样的器械，是刀、枪，还是棍、剑，体育课上用的是哪块场地，是室外篮球场、排球场，还是体育馆等室内场地。就场地面积而言，本次课用了多大的场地，是一个标准的或不标准的田径场，还是一块或多块篮球场。就数量而言，如果是篮球课，用了多少个篮球，多少根标志杆；如果是体操双杠课，用了多少块垫子，多少副双杠，有无辅助器械（如北京市索玉华老师的双杠课上自制了保护支持带等辅助器材）。就方位而言，要看场地器材的摆放朝向何方，若干器材是一个方位还是多个方位，等等。以上信息，作为看课者而言，在看课过程中或看课前需要做一记录，便于作为基础信息进行分析。但要求这一信息是准确的，因为场地器材布局的合理性既与场地器材的类型、数量、规格等有关，又与其摆放的位置有着必然的联系。

然而，有些教师在看课的时候，或许没有对场地器材做专门性关注，因此，就会忽略其基本信息。笔者认为，假如对场地器材进行专题分析，不但要如实记录类型、数量、规格、方位等，还要将其在教学中发生的变化（如器材位置的变动）情况及时做记录，以便分析器材移动的合理性。

（2）看场地器材的生成要素

在看课的过程中，我们除了要看其固有的不变或少变（器械位置在教学过程中发生的变化）要素以外，更多的是要对其生成要素的分析和准确把握。如果说看场地器材的固有要素是看“有什么”的话，那么看生成要素就是要了解“为什么”了。

就体育课而言，考虑场地器材的生成要素，可以从四个方面来切入，即场地器材的安全性、场地器材的经济性、场地器材的实效性、场地器材的创造性。也就是说，体育课上是否用最安全、最经济、最有效和最具有创意的方式，合理运用场地器材完成教学任务，这是任何一位看与分析场地器材者所不可或缺的视角和内容。

① 看场地器材的安全性

按照场地的呈现形式，我们本应把场地器材的安全性放在最后来阐述，但基于当前部分一线教师对安全隐患的忽视，也为了进一步引起大家对场地器材安全防范的重视，下面首先对场地器材布局是否安全作为重中之重的内容来分析。

在一节体育课上，器材摆放在场地的什么位置、场地是否平整无障碍、器材与器材之间是否相互影响等都是看课者所要看的关键环节。场地器材的安全问题主要有两种：一种是主观有意的，另一种是无意的。也就是说，有场地器材本身的问题，有任课教师对场地器材的布局问题。就体育课安全事故而言，无论是属于哪一类原因所导致的安全事故，教师都很难完全脱离责任。因此，场地器材安全事故的防范，任课教师在课前课中都要引起高度重视。

看体育课的时候，要及时了解任课教师在课前是否对场地器材有安全检查，如单、双杠是否有松动，沙坑是否需要翻动平整，跑道上是否有小石块或坑凹，跳高架后面的垫子是否摆放位置合适，篮球课是否事先准备场上临时固定篮球的辅助物，等等。看课的过程中，要着重看一看器材的摆放和使用是否有安全隐患，教师对安全隐患是否有预案，课中是否存在由于场地器材出现的安全事故，以及任课教师对安全事故有无有效的处理方法等，这些都是看课中应该捕捉的信息。

② 看场地器材的经济性

经济性可以简单理解为节省化。体育课上所用的场地器材是否经济，也就是说，所用场地的大小、器材的多少是否恰到好处，既无浪费也不短缺，这也是任课教师在课前进行教学设计的时候应事先考虑的问题。

对于看课者而言，在观看场地的使用情况时，希望能够看到器材的选择与运用取得较好的教学效果。即场地小些的话，会影响教学的实施，大些的话，也不一定能促进教学效果的提高。器材也是如此，过少或许会不容易组织，过多也未必能效果更好。如篮球课是用一块篮球场好还是用两块好？田径课是仅用直道好还是用整个田径场好？技巧课是用五块垫子好还是用十块好？对于这些问题，恰到好处地把握会有一定的难度，需要看课者从多个角度综合判断，如对班级人数、学校总场地大小、学校某类器材的总数量、上课班级数、教学内容、单元课次等，都需要有一个详细的了解。判断的依据需要多元，只凭直觉简单的判断有可能会导致错误的结果，最好能做到主客观相结合，尤其人的直观感觉也是一种重要的判断依据。

③ 看场地器材的实效性

在体育课上仅仅考虑场地器材的安全性、经济性，还不能足以达到更好的教学效果。有时，几个方面会存在矛盾，如为了考虑安全和经济，场地器材的使用越少，出现安全事故的可能性就越少，在经济上也会越节省。体育教学除了要考虑安全、经济以外，其实际效果更应引起大家的重视，从提高教学的有效性方面，场地器材的利用所体现的实效性起着至关重要的作用。

看课过程中，了解场地器材的选择、布局与使用的实效性，需要看场地器材是否在课中发挥了最大的作用。当然，要在确保安全和经济实用的前提下，来判断其效果。如篮球课上，关于一个班 40 个学生需要几个篮球的问题，就要看篮球课上需要学习的具体内容。如果是熟悉球性、练习原地或行进间运球，当然是多一些好，能够一人一球就更为理想；如果是学习传球，所用篮球数量是班级人数的一半就可以了；如果是学习篮球战术，再少一些篮球也能满足上课的需要。因此，判断场地器材是否最好地发挥了效果，我们不但要结合具体的教学内容，还要看班级人数、组织的练习形式等。有效的场地器材布局，学生参与的积极性相对较高，学习的效果是较为明显的，安全系数是有保障的，又不会显得有任何浪费。基于此，看场地器材的实效性也需要多维度考虑。

④ 看场地器材的创造性

看场地器材的诸多生成要素，还有一点是看课者不容忽视的，就是场地器材的创造性。也就是说，在体育课上是否有任课教师的创造性劳动，即场地器材是否有所创新、有所拓展。当然，其前提也要确保安全，而且，在有效促进教学效果方面也应是积极正向的。

场地器材的创造性，不仅仅是一种创造性的劳动，而且是具有智慧的创造性劳动，当然，也并非所有的教师都愿意开展富有智慧的创造性劳动，因为这种劳动是要额外付出时间、精力，甚至经济代价的（如自己购买原材料），因此，安于现状不愿意多付出的教师就很难做出这种创造性劳动。就提高教学质量而言，部分任课教师所做出的创造性劳动能够发挥一定的作用。如有些教师就地取材、自制器材弥补了学校场地器材条件的不足，正常开展了体育课堂教学工作；有些教师在场地器材的使用上采取了“一物多用”的方法，有效组织了课堂，弥补了器材不足的教学难题；有些教师为确保安全自制了保护带，大大加强了体育课堂的安全系数；还有些教师用各种自制的器具进行多种辅助性练习，达到了巧妙突破重难点的教学效果。总之，看场地器材是否具有创造性，其视角也是多元的，但总的原则是，重视教师的创造性劳动成效。看课了解场地器材的时候，这些蕴含了教师创造性劳动的场地器材往往是我们把握的重点，因为它会给大家带来诸多启发，并能够举一反三，还能提高教师对体育教学工作的责任心和使命感。

2. 体育课上看场地器材的步骤与方法

看体育课，无论是看讲解示范、放松活动，还是场地器材，都需要做到课前、课中、课后的有机结合，只有这样，看课的针对性才能更加明确，看课的效果才能更加突出，对课的分析才能更加客观与深入。体育课上看场地器材，同样需要如此，其具体步骤与方法有以下几个方面。

（1）课前从教案文本中了解场地器材的规划

要想在看课过程中更快地了解任课教师对场地器材选择与布局的合理程度，作为看课者，课前需要通过教案文本，提前了解对场地器材的设计与规划布局。而且，可以通过教案文本了解到场地器材的固有要素，如场地选择情况、器材类型、数量等，从而节省看课过程中对固有要素了解的时间，以便留出更多的时间对场地器材的生成要素进行观察和分析判断。

实际上，除了在教案文本场地器材一览表中了解并准确地记录相关信息外，看课者还可以从教学的组织要求与方法中了解各教学环节的组织形式，对看课过程中安全性、实效性、经济性、创造性等生成要素做出及时准确的判断。但是，我们从教案上还不能准确地对以上各方面做出判断，而只是一种辅助判断，因为判断场地器材的规划是否合理，需要根据教学实践中所反映出的实际效果，才能做出更为准确的判断。

（2）课中从场地器材的实际使用情况把握问题与亮点

看课过程中所把握到的场地器材使用情况，是较为直观和客观的。有时在教案中呈现的场地器材文字或图形与实际的教学场景的场地器材不一定完全吻合。如器材的类型上，或许所用辅助器材或自制器材未能在教案上呈现出来，而且在实际教学中又发挥着重要的作用，因此，只有通过看课的实施才能更加全面地把握器材类型及数量；又如，关于场地器材的布局，有的教案中有所呈现，有的教案上并未呈现，还有器材在使用过程中的移动现象，移动的路线、移动中存在的问题等在教案上都难以找到。因此，看教学实践课是把握场地器材问题与亮点的关键途径。

在看教学实践课中，看课者应该重点把握以下问题：场地器材的选择、布局与使用是否存在问题，问题的大小，问题的影响性，问题的解决方案；是否具有亮点，有多少个亮点，亮点的成因，亮点带来的启发等。如“跳山羊”课上，一名学生在练习过程中“山羊”被推倒了，一名学生一个跟头摔了出去，幸亏只是“有惊无伤”，但对于这种安全隐患的存在，任课教师应该在课前有所考虑，课中应采取一定的措施加以预防。这一现象尽管很大程度上可能与器材本身的质量有关，但学生的技术动作有无错误也不可忽视。在学生方面，要看一看是否存在自身技术掌握不牢，如手扶“山羊”位置不正确、推手过早等原因，教师要针对学生的问题加以纠正。如果是器材本身的质量问题，就应该在器材的修缮或更新上做文章；如果是属于器材摆放问题，就应该检查是踏板距离“山羊”的位置过远，

图 2-2-9　“腿软”的“山羊”

还是“山羊”下面的场地不够平整，还是“山羊”的“腿软”（质量不过关）（见图 2-2-9）。因此，无论是场地器材所反映的问题，还是所呈现的亮点，都可以通过实际教学过程来把握。对问题或亮点的成因，有时看课者难以准确地把握，一定程度上只是根据观察、分析、判断，甚至有时候是一种推测。因此，要想全面而准确地了解场地器材设计的思路与方法，有时候还需要课后与任课教师交流，把难以做出判断，或不能做出准确判断的问题通过交流找到更加准确的答案。

（3）课后结合任课教师的介绍评判作用效果

或许有人会说，看课只需要了解真实情况即可。实际上，并非完全如此，因为对课上生成要素的判断，是需要综合分析的，看课者看到的只是直观的东西，不一定能够明白任课教师设计的意图，有时候只有通过与任课教师交流才能更加全面地把握场地器材布局的合理性。然而，是否有必要在课后与任课教师交流，至少需要考虑三个问题：看课过程中针对场地器材有无疑惑？有哪些疑惑？哪些是难以自行解答的疑惑？如果这三个问题同时存在，就有必要在课后与任课教师沟通交流，从中了解和掌握教师的设计思路和解决困惑的切入点。

（三）看体育课自制器材及其安全使用

体育课上大家会经常看到由体育教师自制的器材，一方面，弥补了学校器材的不足，为保障正常教学发挥着重要作用；另一方面，体现了教师的责任心和敬业、开拓、创新精神。然而，当我们鼓励和赞美体育教师的自制器材的创造性教学行为的同时，我们不可忽视自制器材使用的安全性和合理性。因为教师自制的器材属于非标准器材，因此，在安全性能上尤为需要强调，在使用的时候也要力争其合理性，才能真正达到理想的教学效果，才能有助于促进体育教学质量的提高，否则，可能带来一定的不良效果。为此，从安全性、合理性切入，谈几点关于体育器材自制与使用的建议。

1. 体育器材的自制与使用情况

（1）体育器材自制情况

体育课上大家看到的体育器材，其中一部分源于教师的智慧，是教师利用购置的原材料或日常废旧物品加工改造而成的，同时，也是教师根据体育教学的实际需要，结合教学内容而制作的创造性劳动成果——自制器材，多用于日常教学或观摩课教学。自制器材从规模上来看，有大有小；从质量上来看，有好有差；从使用频率上来看，有多有少；从使用价值上来看，有高有低；从耐用程度上来看，有长有短；从安全性能上，有强有弱……因此，我们可以把教师们自制的器材根据其性能、特点、使用频率等划分为各种类型。从确保安全、合理、有效使用器材的角度，自制器材需要做到性能优良、美观耐用和安全可靠。但目前体育课上所呈现的各种自制器材，并非都充分考虑到了这些需求，有的甚至存在明显的安全隐患，或许是由于顾此失彼的缘故，或压根就缺乏安全意识。因此，自制器材需要规范，教师头脑中始终需要绷着一根安全的弦。

（2）体育自制器材使用情况

一般情况下，大家所能看到的体育自制器材，大都已经出现在了课堂上，也就是进入了使用状态的自制器材，从使用中我们可以看到其效果。我们结合所观察到的自制器材，并对其使用情况做进一步的归纳发现：自制器材在使用中有多种情况，从学生的喜爱程度上来看，有的爱不释手、关注备至，有的器材在课堂上却不太容易引起学生的关注，也就很少触碰；从自制器材的摆放来看，有非常合理的、安全的，且能达到理想的使用效果，有的却不太合理，甚至存在安全隐患，教学效果自然也就难以保障；从器材使用过程中的突发事件出现情况来看，有的器材整堂课下来安然无恙，可有的自制器材坚持不了多久就已出现破损，或完全无法再次使用。因此，关于自制器材的使用值得做进一步的归纳与总结，看课者应该认真观察自制器材在使用中存在的主要问题，便于为自制和修缮器材提供反馈意见。

2. 自制器材的安全隐患判断及启示

对于具有创新意识和创新能力的教师，大都能够根据教学的需要，在体育器材不足的情况下选择自制。下面重点分析自制器材存在的安全隐患，便于及早将隐患降到最低点，甚至完全消除安全隐患。一节体育课上，究竟如何发现体育自制器材存在安全隐患，存在多大程度的隐患？一般情况下，我们可以采取主观判断和客观检查两种方式进行综合判断。

（1）“揪心”感是主观判断安全隐患的主要依据

体育课上，当学生利用自制器材进行练习的时候，任课教师或看课者假如感觉到“揪心”时，尤其是有“别摔下来”、“别被绊倒”，或“别被缠绕”、“被刺着”等担心时，我们可以想象，其中必然隐藏安全隐患。要么是器材自制质量存在明显问题，要么是组织形式不够合理而存在隐患。但无论如何，一旦出现有“揪心”的感觉，教师就要多加小心，再次检查器材的牢固性，一旦真的存在隐患，应提醒学生们在练习中要当心，并指导学生使用器材的正确方法。如果经过检查，发现自制器材无法继续使用下去（如即将断裂等），就要立刻移出教学场地，以最大限度地避免安全事故的发生。

（2）“按压、拉伸、晃动”是客观判断安全隐患的常用方式

当体育器材自制完成后，一旦要在体育课堂上使用，需要首先对这类器材进行认真细致的检查，通常情况下可以采用如下方法：按压一下器材的承重性能；牵拉一下器材的耐受力与弹性；固定住某一位置，利用前后左右晃动的方式，检查器材的稳固程度等。假如在使用前，做这些检查工作发现存在质量问题或性能问题，应拒绝在体育课上继续使用这些器材，那些自制完成就立刻投入使用的思想和做法，对于安全防范是极为不利的。除此之外，即便是课前进行了自制器材的安全检查，并具有良好的状态能够投入使用，在课堂上也依然不能掉以轻心，因为有的器材会在使用过程中出现脱落、断裂。因此，自制器材的及时检查是防止事故发生的不可忽视的环节。

（3）主客观判断结果对自制器材的启示

无论是主观感觉判断器材是否存在安全隐患，还是客观检查及早排除安

全隐患，其判断结果都会对器材的自制带来一定的启示。

通过客观检查发现，对于存在明显安全隐患的自制器材，或者安全事故发生的可能性比较大的自制器材，在将来自制同类器材的时候，需要在材料选择、组装、改造等环节强化安全意识，确保每一个环节的安全。尤其是将废旧物品改造成体育器材时，更要严格检查废旧物品的利用价值，一旦破损到难以多次重复使用的状况时，尽可能地不选用这类物品。如有的绳索在长期存放过程中多处被虫子叮咬，有的木板长久在潮湿处存放发生质变等，再利用这些材料改造自制成体育器材的时候，就很有可能存在安全隐患。

通过主观感觉判断发现，安全隐患有可能不是很明显，教师已经做过安全检查，但依然有“揪心”感觉的自制器材，在将来自制同类器材的时候，需要考虑其使用的范围，如多大年龄的学生使用合适，多少学生使用合适，如何摆放才能确保安全。假如这些问题都在自制过程中考虑周全了，就会在选材和制作时充分考虑其承受力、使用期限以及安全摆放的条件等，也就能够最大限度地确保自制器材的安全可靠性。

3. 自制器材使用的不合理性分析

除了要考虑安全隐患是否存在以及严重性等给自制器材带来一些新的启示外，实际上，在体育教学过程中，自制器材的合理使用也至关重要，如果自制器材使用不合理，也会失去自制该器材的意义。

（1）自制器材摆放位置的不合理性

自制器材的摆放要合理才有可能达到较理想的教学效果，但从目前的使用情况来看，依然出现有摆放不合理的现象。如一节观摩课，教师利用废旧的羽毛球筒作为器材用于器械操的学习。在教师讲解示范环节，学生将所有的羽毛球筒都摆放在了老师和学生之间，看似很整齐、美观地以弧形方式摆放在那里，实际上，已经影响到了教师的示范，更影响到学生清晰地观察示范。因为当教师做下肢动作示范时，脚的移动方式、到达点等，都被羽毛球筒所遮挡，不便于学生观察教师的细节动作。因此，除了完成创新自制，还应考虑课堂使用过程中摆放的合理性。

（2）自制器材使用时机的不合理性

自制器材的使用存在多种情况，有的是由于学校器材缺乏，又要提高学生学习的兴趣、练习的积极性等而自制的器材；有的是由于教学中主教材器材并不缺乏，只是自制了辅助器材，如北京市五一小学郭蕊老师自制器材“垫子卷”（见图2-2-10、图2-2-11），用于仰卧推起成桥的辅助练习等；有的是为了学生在锻炼体能素质方面研制的器材，如用矿泉水瓶装上沙粒自制力量练习的哑铃，在操场附近的墙面上用旧轮胎固定成抓扣手，当攀岩墙让学生发展攀爬能力等；还有的是在做准备活动或放松练习才派上用场的自制器材，如彩带等。

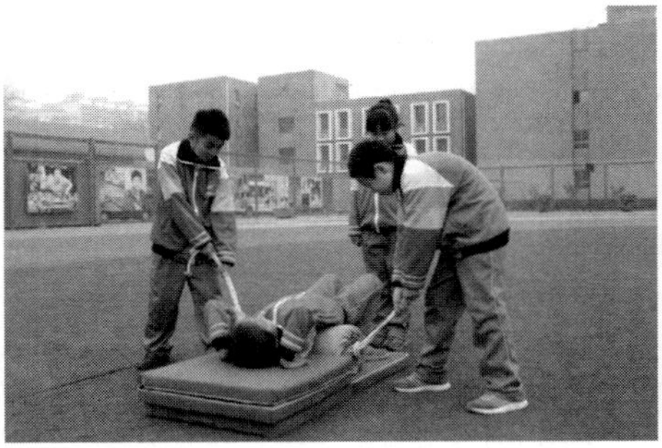

图2-2-10　仰卧推起成桥垫子卷练习1

图2-2-11　仰卧推起成桥垫子卷练习2

因此，基于不同作用的器材，在使用过程中就要择时取用，各就其位，有选择地使用。但是，有的体育课如同“放羊”，让孩子们在攀岩墙上一爬就是半节课，甚至一节课。还有的辅助器械，整堂课都不离其身，用时拿在手上，做各种动作，不用时拴在腰间以备后用，看似合理，实际上，当做其他动作的时候，有可能会产生干扰，甚至会有安全隐患。如一节观摩课上，由于主教材是跳绳，该任课教师自制的彩绳自始至终就不离身，准备部分做游戏时拴在腰间，做抓尾巴游戏，跑步时仍未将其放在合适位置，放松活动依然带着绳子做各种放松动作。这样的使用方式，显得过于死板，给课留下了败笔和造作感。

4. 安全、合理的体育器材的自制与使用方略

体育课上需要适宜、标准的器材，在一定程度上，自制器材也能发挥重要的作用，收到良好的效果。但如何自制与使用才更为安全、合理呢？

（1）“安全第一、质量至上”——把握自制器材的总体方向

体育课主要以各种活动形式来完成，学生在活动过程中容易出现一些突发事件，尤其是安全事件。假如自制器材不能确保安全，就失去了自制的目的和意义，因此，无论是自制何种器材，也无论自制多少器材，都要始终把安全问题放在首位，确保器材的质量。坚持这样的原则，自制器材发生事故的可能性就会大大降低。但在实际操作中，有些教师往往更加关注的是美观、新奇等要素。有效自制器材，需要走出一味地追求美观、新奇的误区，在“安全第一、质量至上”的设计理念引领下，凸显自制器材的实用性，远比美观、新奇更富有价值。

（2）“深思熟虑、认真打磨”——严把自制器材的制作过程

自制器材并非脑子一热、想一出是一出的事情，而是需要对为何自制、自制什么、如何自制等做深入的思考、精心的设计，还需要反复打磨，有时一次不成功、不理想，就推倒重来，尤其是较为复杂的器材的研制，更不能轻视，除了确保安全性，还要考虑其实用价值。只能确保安全但不实用的器材，无须制作；只是考虑到能够使用而忽略了安全性，也难以达到最佳效果。如一节观摩课上，教师自制了比标准篮球筐大两三倍的“大篮筐”，放置于画有圆形场地的中央，组织学生练习的时候，两次出现让人“揪心”的环节。其中，第一次是20人一起从圆周跑向中心的“大篮筐”，同时触摸篮网；第二次是20人一起运球朝向中心的“大篮筐”做投篮练习，由于有的学生原地投，有的学生行进间投，还有的学生背向做扣篮动作，滚在地上的篮球就有可能被某一同学踩上摔倒出现踝关节扭伤，尽管本节课上没有发生损伤事件，但这种安全隐患依然存在。基于此，在制作环节就要进一步考虑，是否需要制作2~4个，分散摆放，减少集中相撞的概率；是否可以把篮筐再做大些，中间竖一块大木板，将篮筐一分为二，分两边投篮，有撞板反弹，降低球进

篮筐落下的速度，便于有序捡球；或在组织方式上做进一步的调整，减少一次投篮的人数，最大限度地减少隐患，从而减少事故发生的可能性。

（3）“多次试验、精益求精”——确保自制器材安全有效

既然选择自制器材，就要充分考虑能够真正弥补器材不足或辅助教学的需要。因此，要想使自制器材的作用得到充分的发挥，就要在制作成型后，反复试验，看还有哪些不完善之处，如有的绳子太长了，有的板子太宽了，有的螺丝漏拧了，还有的材质太软了，等等。无论发现何种问题或疑虑，都需要进行二次加工，过长的尽量短些、过宽的尽量窄些，有松动的尽量紧些，过软的要更换硬度大些的材料。总之，为了确保安全，试验与调试必不可少，切不可一制作成型就投入正式使用，应经过多次试验后，在精益求精的基础上再进入课堂，这样自制的器材在体育教学过程中才有望安全有效。

总之，在器材不足或辅助练习需要的时候，自制器材十分必要，但除了考虑新颖、美观以外，其安全性需要重点考虑。只有确保安全的自制器材，才能在教学中发挥其独特作用。

对看场地器材做进一步总结，归纳如下：

看场地器材

场地器材全面看，　关注使用和隐患；
大小类型有区分，　有效利用是基本；
课堂教学现象多，　场地布置有的说；
器材使用有不同，　仔细观察要分明；
安全经济和实效，　关键时候有创造；
自制器材有无数，　使用价值又不错；
综合判断不能少，　安全第一要记牢。

八、看课堂评价

新课改以后，对体育课堂的评价有了较大的变化，《义务教育体育与健康

课程标准（2011 年版）》倡导体育与健康学习评价以多元的内容、多样的方法、多元的评价标准和评价主体，构成科学的体育与健康学习评价体系。但是，体育教师是如何做到定性评价与定量评价相结合、形成性评价与终结性评价相结合、相对性评价与绝对性评价相结合的呢？又是如何发挥评价的主体作用，合理地进行教师评价、学生自评和学生互评的呢？以下将对如何看体育课堂上的评价展开讨论，分析判断哪些评价方式设计得不够合理，哪些评价方式值得学习借鉴，以及该如何看出评价中的各种问题和亮点，并提出一些多元评价主体的评价建议等。

（一）看体育课堂评价的必要性

目前，就体育教学而言，无论是新教师还是有经验的教师，一个较为明显的共同困惑是组织课堂评价难。为什么大家都会感觉到组织课堂评价难？是不知道评什么，不知道如何评，还是不能准确地选择谁来评？为了进一步贯彻落实好新课标，也为了提高一线教师的评价技能，需要重点关注一下以下问题：任课教师是如何进行体育课堂评价的？在评价内容上是如何选择的？在评价方式上是如何确定的？

1. 新课改要求采用新的评价方式

体育新课程改革要求在过去采取的终结性评价的基础上，还要重视形成性评价。《义务教育体育与健康课程标准（2011 年版）》中提出："教师应注意观察与记录学生的行为表现，用口头评价的方式，及时向学生反馈评价信息，帮助学生了解自己的学习情况并改进学习方法，不断提高学习能力。"那么，究竟教师应该如何观察与记录学生的学习表现？该如何采用口头评价的方式向学生及时反馈信息？又如何通过评价帮助学生了解自己的学习情况改进学法？以前是否有较为有效的评价方法？哪些值得借鉴？对于这些问题，通过看课能有更多的了解。

2. 成熟的体育课堂评价体系尚未建立

目前，在贯彻落实新课标过程中，大多数教师还都是摸着石头过河，在不断地尝试，还未形成成熟的体育课堂评价体系，因此，通过看课，可以搜集一些他人对课堂评价环节的设计、评价内容的选择、评价对象的确定以及对评价方式的把握情况等信息。无论我们看到的体育课堂评价是合理的还是不合理的，都会带来一些启发。

（二）看体育课堂评价的视角与方法

新课改以后，现在很多体育课，尤其是观摩课上都可以看到评价的影子。从形式上看，有的是口头的，有的是通过纸笔操作的；从主体上看，有的是教师评价，有的是学生自评，还有的既有学生自评，还有同伴之间的互评等。下面重点对看课堂评价的视角与方法展开讨论。

1. 看体育课堂评价的多元视角

看体育课堂评价的时候，可以从多个视角切入。假如从内容切入，可以重点记录评价的是什么。由于一节课时间所限，评价内容的选择不可能过多，安排过多的评价会流于形式。假如从主体切入，要重点看是谁在评价，是教师主导评价的过程与形式，还是有学生参与评价，也就是说，把目光集中在“谁在评”上；除了看谁在操作评价，还要看是如何评价的，是从哪个角度评价的等。假如从评价的形式切入，就要把重点集中在一节课上采用的是什么形式的评价，是口头评价还是纸笔评价，评价的合理性与否等。当然，还有其他切入的方法，诸如，从评价的时机把握切入看评价的合理性，从评价的效果切入等。切入视角的选择，需要考虑看课的目的，目标明确，切入准确，方能看出评价是否真实有效。

2. 看体育课堂评价的步骤与方法

一旦确定了看课堂评价的视角，就要考虑看课的步骤和方法。就看评价而言，首先，也需要先了解教学设计（或教案），看任课教师在课前有没有明确的评价设计，是想从哪些方面进行评价，涉及多少评价方式。通过查看教案，对课堂要组织的评价工作有一些基本了解，便于课堂上及时搜集评价信息。

其次，在看课过程中，重点看基本部分的各个教学环节，评价被安排在了哪个时段，是基本部分的中期还是后期，有时，评价环节也有安排在结束部分的做法。认真观察评价的引导语和评价形式，安排的时机是否恰到好处，评价形式是否对其他学习活动有影响，是什么影响。要能够在边观察评价过程的同时，及时记录一些重要信息，如口头评价的语言，即教师或学生都在评价中说了什么，评价语是否适当，是否客观真实等；还要记录对评价的思考，尤其是对于有问题的评价，需要及时记录问题所在，确认是时机问题、内容问题、形式问题，还是主体问题；同样，假如观看评价时让你眼前一亮，还需要及时记录是什么引起的眼前一亮。记录下重要信息，是学习评价经验的关键。在看课的时候，假如看到的并不是一次评价，而是反复多次的评价，除了要记录每次评价的内容、形式等基本信息外，还要思考有没有必要安排多次评价，任课教师是出于什么目的安排的这些评价。

除此之外，课结束以后，假如有尚未看清楚的地方，或者是没有听清或看明白是怎么回事，如学生在纸上进行评价的时候，填写的是什么样的评价表，由于课堂上不便于了解，这时需要在课后与任课教师交流，咨询评价的设计思路与方法等，进一步了解评价活动组织的合理性。

（三）体育课堂评价案例分析

通过看课我们可以判断评价的必要性、可行性以及合理性等。下面以较为合理的评价和有干扰作用的评价为例，看一看任课教师是如何组织评价活动，如何改进的。

案例 1：劈叉小明星评比

【案例描述】 这是一节小学二年级的柔韧练习课，主要学习劈纵叉，看谁的姿势最标准。课上，老师安排了各种循序渐进、形式多样的辅助性练习，在基本部分快要结束的时候，老师组织学生评选班内劈叉小明星（见图 2-2-12）。先是各小组内自己评比，然后，每一组推选出一个最好的参加全班各组的比赛，由全班学生根据每一个同学做的动作情况，推选出动作最标准的为小明星。

图 2-2-12　劈叉小明星评比

【案例分析】　该评价是通过小组评价和全班学生一起评价的形式组织的，总体上来看，都是同学间的互评，而没有采取教师评价和学生自评的方式。评价的主题是推选劈叉小明星，对于小学二年级学生来讲，乐于参与这种评价方式。本节课采取了小组到全班层层选拔的方式，较为合理。在评价前，教师需要把评价标准告诉学生，也就是说，应该从哪些方面来评。另外，教师还需要把评价方式告诉学生，即全班学生如何一起评，是举手表决的方式，还是通过各小组推选出来一个评判员打分的形式。但是，本节课都没有采取，而是每一组被推选的同学都做完后，老师问，哪个同学能够成为咱们班的劈叉小明星？然后根据学生们提出的同学姓名，听到名字声音最集中的为优胜者。为了更加客观起见，我们建议每组推选出来一名评判员，等每一组推选出来的学生做完以后，由老师提名，以每个评判员举手表决的方式，最后确定小明星人选，其余没有推选为班内小明星的，都称为组内小明星，这样鼓励的面加大了，有利于调动学生的积极性，而且还便于操作。

案例 2：箱上前滚翻自评与互评

【案例描述】　这是一节小学四年级的箱上前滚翻课。老师先是组织学生练习垫子上前滚翻，然后学习箱上前滚翻，练习一段时间以后，老师让每一个学生从箱上完成前滚翻动作后，立刻去前方事先放好的评价表上对自己完成动作的情况进行评价，每人评价一次后，在同一个跳箱做动作的那组学生一起在评价表上进行小组内评价。

【案例分析】 该评价体现出了新课改提倡的采用自评、互评的方式进行课堂评价。而且，采用评价表的方式组织学生自评与互评，可以说，任课教师在如何评价上下了一番功夫，做了精心的设计。唯一不足的是，学生完成箱上前滚翻动作接着去评价的时候，看到有一些同学，在箱上的动作不那么认真了，甚至是没有站稳就迅速向前冲，着急去评价。而且，箱上完成前滚翻动作的时候，因有评价任务，学生容易因分散注意力而出现伤害事件，尽管本次课未发生任何安全事故，却存在明显的安全隐患。建议在该环节不采用评价表进行自我评价和互评，而是换做让学生注意观察同伴的动作，然后用口头评价的方式实施学生互评。自我评价的改进方法，可以让每一个学生按照老师的要求完成动作，自我感觉每次完成的动作是否比上次有所进步，有进步的学生可以给自己竖起两个大拇指表示对自己的鼓励。这样简单的形式实际上也是评价，而且，还避免了干扰主教材学习的弊端。

体育课堂上的评价较为多见，但有的评价比较合理，有的评价还有待进一步改进，经常观察、记录并分析各种评价方式的引入存在的问题和经验，可以不断提高对体育课堂实施评价的实效性。

（四）体育课堂多元评价方略

1. 教师评价方略

教师评价是在体育课堂上，教师对学生的学习情况、效果等做出的及时评判。教师评价能够起到对学生的激励作用，同时，还能让学生了解自己的学习，尤其是运动技能的掌握情况，便于更好、更有针对性地练习。新课改提出的多元评价，即评价主体的多元化，教师评价在多元性评价中占据着重要地位，发挥着重要作用，下面介绍一些比较有效的教师评价方式，供一线教师在课堂评价时参考。

（1）语言激将法

课堂上，当教师发现学生做动作时一副满不在乎的表情，练习时注意力不集中，甚至有偷懒现象，假如这时采取口头评价的方式，一般的做法都是上前制止这种行为，更多的是采用批评，并指出其行为错误方式。有的教师还会拿班内表现好的同学做对比，越是这样，对于个别逆反心理较强的学生的效果越差。基于这种情况，当发现以上现象以后，教师可以采取激将的方法进行口头评价，如“小明，你看看咱班小刘，做得多好啊，很认真，我相信，你也可以做得好，甚至超越他！”。

体育课堂通过采用激将法，能够激发学生的争胜心理，从而改变原有的学习状态。这种方式的评价，适合于对学习行为的评价。

（2）变换表情法

体育课上的教师评价，有时通过语言表扬或批评学生，对于批评，有的学生难以接受，但有时候不批评又不能让学生了解自己动作或行为的错误。遇到这种情况，教师也可以一言不发，看到有不良表现的学生，不用马上当着全班同学批评他，因为顾及面子，有的学生一被批评就会变本加厉，有可能从自己不学习，到捣乱他人也学不成。因此，教师可以采取变换表情的方式，如与这位学生对视，而且较为严肃。遇到较为严重的情况，可以目视并皱眉，做出发怒的眼神，告诉这个学生，你的学习不良表现我已经发现。当这个学生看到老师的表情严肃，并注意到自己以后，或许会安静下来，这时，老师可以马上变换表情方式，冲着他点点头，并示以微笑，表示“这样做就对了”。

这样的评价既不伤害学生心理，又能起到立竿见影的效果，因为大部分学生往往会配合老师。老师给学生面子，学生也会反过来理解老师，并尊重老师。这样的方式要尝试着使用，一旦有的学生视而不见，就要改用其他方式。

（3）语言暗示法

遇到需要批评的学生，有时直接点名批评，不一定能达到理想的效果。如果采取语言暗示的方式，有时能够达到意想不到的效果。因为是谁犯的错或学习行为上出现的问题，学生往往心里十分清楚，即便是老师没有点到名字，他也会明白批评的是自己。那么，究竟该如何采用语言暗示达到评价的目的呢？老师可以尝试着说："刚才在练习的时候，我发现有一位同学表现得不好，一直在左顾右盼，没有按老师提出的要求练习，等一会练习的时候，再被我发现的话，我就让他到前边来，给大家做一下，看他是否已经掌握了咱们学习的这项技术。"

通过语言暗示，被暗示的学生往往就会转变态度，提高练习的积极性，免得被叫到前面做动作。教师要说到做到，假如真的没有任何改变，教师一定要采取下一步措施，而不能只是说说而已。

（4）即刻表扬法

当课堂上发现有的学生表现非常积极，做动作非常认真，动作完成得非常出色，或与以前相比有所提高等情况时，教师需要及早发现并予以表扬，哪怕只是一个字——"好"，学生听了都会露出一丝微笑，在行动上更加积极。教师如果能够对学生给予及时的肯定，几乎对于所有的学生都能起到激励作用。他们会感觉到，他们的表现或学习得到了老师的认可，甚至是充分的肯定，他们会有一种成就感，并逐渐产生学习的兴趣。

这种方式的评价，能够给学生带来满足感，激发学生参与的热情，从而提高学习的有效性。采用这种方式，要求教师要注意细心观察，及时捕捉任何一个需要表扬的时机。应该注意的是，最好不要只是等到结束部分小结的时候，才表扬班内表现好的学生，这时候的评价已经很难达到激励作用了。

（5）肢体语言法

体育课堂上，教师的评价不一定都用口头语言，有时，根据学生的年龄特点，或需要评价的内容不同，可以适当采取肢体语言的评价形式，以期达到应有的评价效果。肢体语言评价包括两种形式：一种是教师自己独立做出肢体语言，如看到表现好的或完成动作比较出色的学生，竖起大拇指，或紧握拳头，微笑着向他示意。如果全班大部分学生表现好的话，教师可以用鼓掌的方式表达要说的赞赏性语言。还有一种情况是，教师与学生通过肢体上的接触表达的评价方式，如走向前去和该学生击掌示意，表示学生做得很棒；发现某学生表现比较好，可以走向他，轻轻拍打一下学生的肩膀，或抚摸一下头部，并向他微笑点头，也能达到好的评价效果；对于表现不好的学生，教师走向前去轻轻拍打一下肩部的时候，可以用一副严肃的表情，让他知道他的表现不能令老师满意，或是因为动作不正确，或是练习不积极等。

这样的方式便于学生接受，而且，学生会有更深的感触，无论是得到表扬还是批评。肢体语言评价多用于小学各水平段，但是，需要注意的是，教师独立做出的肢体语言，一定要能够目视被表扬或被批评的同学，以提高针对性。另外，无论是批评还是表扬，拍打和抚摩都要求轻盈，不能力量过大，引起学生紧张或受到惊吓，从而影响练习。

（6）直观板书法

体育课堂上，也可以根据条件准备一个小写字板或小黑板，在课即将结束的时候，对各组的表现，从几个方面进行评价，如学习态度、合作精神、技能掌握、体能锻炼等。根据课堂上的观察，教师对各组学生分别用“打分”或“打对号”的形式，评出各组学生的课堂学习情况，最后，各组按照“得分”多少，或“对号”数量，评出本节课的标兵组。

这种方式能够激励学生，获得标兵组的会在下节课上表现得更好，而没有获得标兵的组，也能激发他们下节课有争当标兵的愿望。教师在课堂上需要认真观察，并能够记下学生们在课堂上的主要表现，事先做到心中有数，才能做到评价的客观准确。

（7）小小测试法

在对学生进行健康教育的时候，尤其是在室内课堂上，为了评价学生学习的效果，有时采用观察的方式发现问题。但是，这种方式对学生知识技能的掌握情况不太容易判断。基于此，可以尝试通过试题测试的方式，做到及时评价。当然，问题的内容设置要符合以下要求：一定是这节课上需要掌握的内容；问题的难度适中；问题的形式，需要采用客观性题目，节省时间，并易操作；问题的数量不可过多，一般 3~5 道题为宜；测试时长，一般控制在 1~2 分钟完成为宜。

通过测试了解学生掌握的情况，并能通过查阅全班学生的答题情况，及时将结果告诉给学生，根据情况，表扬或提出更高的学习要求，有时候需要以此布置家庭作业，课外拓展体育健康知识。采用这种方式评价，课前应做好充分准备，打印好试题，并现场快速浏览答题情况，判断准确、迅速。发现好的可以表扬，发现不好的要提出以后努力的方向，如课堂要注意认真听讲等。

（8）恰当提问法

室外课教学，在很大程度上笔试检查学生掌握的情况不太便利，因此，可以借助于提问的方式，了解学生掌握的情况，并及时做出评判。如在前滚翻讲解示范结束以后，可以提问学生："要想完成前滚翻动作，身体需要怎么做最便于滚动？"有时，学生练习一段时间以后，教师可以提问学生们："完成某一动作的体验是什么？"通过提问的方式，一方面可以及时了解学生听讲和观察的效果，另一方面可以了解学生在练习中是否按要求练习了。通过提问，还能够激发学生在以后的听讲、观察或练习中提高注意力。需要注意的是，提问的时机要恰到好处，不可违背学生的认知规律。

（9）动作展示法

在基本部分主教材学习过程中，或学习即将结束时，为了评判全班学生掌握的情况，可以采取分小组展示的形式。每个小组展示的时候，教师可以根据学生完成的动作情况，及时做出判断，并讲给学生们听；或者每组推荐一个动作展示的代表，再出来展示，看一看学生掌握的程度。

通过观察学生的展示，一方面可以了解教学效果，另一方面能够掌握学生的学习状况，做出准确的判断，用于比对目标达成情况。学生练习一段时间以后，采用动作展示的方式进行评价，时间安排得太早，展示效果不明显，因此，时机的把握非常重要。

（10）正误对比法

根据学生练习的情况，教师及时采取正误对比的方式进行评价，可以让学生提高对正确动作的认识，便于更好地练习。如发现有的学生动作做得比较标准，而有的学生出现这样或那样的错误，于是，教师可以将学生集中起来，让一两个动作做得比较好的同学进行展示，边展示边评价，评出其优点。然后，教师可以模仿学生的错误动作，展示给大家看，然后讲明错在哪里，该如何纠正。这样师生正误对比展示，能够让学生清楚地辨别正确的动作该如何做，错误的动作错在哪里，该如何纠正。

通过这种正误对比的展示，可以加深对正确动作的印象，减少错误动作的出现。当集中评价时，错误动作不需要让学生做，也不需要点名批评有错误动作的学生，教师根据看到的情况模仿就行；否则，让学生做错误动作，容易引起学生不自在，影响其继续学习的兴趣。

2. 学生自评方略

学生自评是在体育课堂上，学生采取口头、肢体、书面等形式，对自己体育学习的情况或知识、技能、方法掌握情况进行评价的一种形式。新课改提出的评价主体的多元化中，其中包含学生自评。这种评价能够让学生认识到自己的学习存在什么问题，并让他们充分地认识到对自己的学习及时做出真实的判断的重要性，便于学习效率的提高。下面介绍几种学生自评方式，供一线教师参考。

（1）自言自语法

体育课堂学习一段时间后，教师可以让学生对自己的学习进行评价，具体的评价方法，可以自言自语地回忆一下刚才学习的情况，如我的听讲认真吗？我听到了什么？我看到了什么？我还有哪些地方没有看明白？我练习的时候遇到了哪些问题？我要向老师请教哪些问题？通过学生的自言自语，及时总结学习中的收获和问题，便于更有针对性地学习。同时，还能提高学生的自我判断能力。有布置自评任务，还要有检查，根据需要，如是运动技能学习中的问题或困惑，教师有时还要给学生留出改进的时间。

（2）同伴比照法

学生在进行自我评价的时候，让学生边观察同一组同伴的动作，或相邻同学的动作，比较自己的动作与同伴的动作有什么不同，如高度、动作路线、方向、力度等，并判断自己的动作哪些地方是有问题的。如果通过比较，比哪位同伴做得好，有时，还需要换一个同学进行第二次比较，也就是说，再看看周围比自己做得更好的同学的动作，然后比较自己和他人的差别，哪些地方比自己完成得更好。

通过采用同伴对比的方式，让学生进行自我评价，可以及时了解自己在同伴中的位置，是否是最好，同时，还能及时发现自己的问题，便于改进和提高。在学生进行比较之前，教师要向学生提出注意观察的要求，而且，先观察什么后观察什么，都需要有一个明确的交代，否则，学生就难以比较出结果。

（3）参照图板法

当体育课上有图板展示的时候，教师组织学生进行练习一段时间后，让学生根据自己练习的情况，选择到图板前观看动作要求和动作方法，然后与刚才自己的练习情况进行比对，如自己的出手角度与图板上的要求相比，是高了还是低了。从而找出自己动作的差异性，或者了解自己是否已经达到了一定的要求，哪些地方还需要改进等。

由于图板上显示的，都是标准动作的方法与要求，因此，通过这种比对，学生可以很直观地了解正确的或标准的动作是怎么做的，加深认知，逐渐规范自己的动作。图板的制作要清晰，动作要标准，在操场上的位置要合理，既不能影响到学生们做动作，还不能相距太远，不便于观察。教师还要注意观察，哪些学生在这么做，学生观看完图板后，学生又做了什么，教师应及时发现这种评价存在的问题，并做到及时纠正或提醒。

（4）动作暗示法

学生在体育课堂自评的方法可以很灵活，有时还可以通过学生用自己的肢体动作进行暗示的方式，如自己做一个感觉比较好的动作，可以采用握起拳头，连续挥动两下，鼓励自己，表达自己的喜悦之情、成功之感；有的可以给自己竖起大拇指或用拳头槌击胸部来表达；还有的用比较大的动作，跳起来欢呼一下，或成弓步向前冲拳等。当感觉到自己的动作不是很理想，或者是失败的话，可以用一只手握住拳头，砸向自己另一只手的手掌，表示对自己的动作不满，需要继续努力。

根据学生的性格特点不同，这样的评价会有不同的形式，但无论采取哪种肢体动作，都能起到表达和暗示的目的。课堂上要求教师细心观察，并不断地总结学生通过动作暗示的方式，便于更好地组织学生自评。

（5）卡片提醒法

有的体育课可以采用事先做好的卡片，放在操场上合适的位置，或放置于学生的衣袋中，学生根据练习的需要随时拿出来比对图片中的动作方法，查找自己的不足，不断纠正自己的错误动作或不够标准的动作。卡片上也可以是问题的答案或动作口诀，学习一段时间以后，教师可以让学生统一拿出衣袋中的小卡片，及时了解自己知识或技能掌握的情况，从而做出准确的评判。通过卡片提醒的评价，能够培养学生善学、会学的能力。教师要提醒学生，事先要准备好卡片，制作好卡片上的内容和问题信息不宜太多，一到两个足矣，卡片上的内容，可以是关键动作的图片，也可以是动作的评价标准等。

（6）表格填写法

在体育课即将结束的时候，一般安排在做完放松活动之后，利用小结的环节，每人发一张自评表和一支笔，自由选择合适的地方，按照自评表上的要求对本节课进行自我评价，如课堂自我表现如何、动作完成情况、存在的主要问题、下节课努力的方向，等等。

该评价方式能够让学生对本节课的学习情况有一个较为系统的梳理，及时发现自己的问题，便于下节课更加明确地学习。评价表的内容不能太多，最好采用客观题进行评价的方式，其目的是省时、快捷，而且最好能够在 1 分钟内做出判断，并完成表格的填写。

（7）点将陈述法

体育课堂上的自评，由于时间的关系，不可能让每个学生都把自己的评价向大家陈述，根据教学的需要，可以随机点几个有代表性的学生，如表现非常好、练习非常积极认真、技术动作掌握比较好的学生；表现相对较差、练习不太积极、动作掌握不太好的学生；有特殊表现的学生，如乐于帮助别人的学生；有特殊学法的学生；等等。依次点出这些学生的名字，让他们在课堂上向大家简单谈一谈自己的学习情况，主要是技术动作的掌握情况，其他同学也可以与这些学生的陈述相对比，回想一下自己的表现和哪位同学很相似。

这样评价，不但能够锻炼学生发现问题的能力，还能通过这种方式的评价提高学生的自信心和参与意识，便于提高学习的有效性。点将的时候，一定要有代表性，这就要求教师在课堂上注意观察，及时发现学生的不同表现。另外，教师最好能够在练习之前提出相应的自评要求，便于学生观察、体验自己的动作，事先记下自己的学习情况，从而有利于这种评价方式的顺利开展。

（8）主动交流法

体育课堂上的学生自评，既可以在教师主导下，学生进行自评，也可以由学生自主控制评价方式。如可以采用向老师或同伴主动交流的方式，其具体操作方法是，在自主练习过程中，当练习一段时间后，学生可以将自己练习的情况，主动去向老师汇报或与同学交流，告诉老师或同学，自己已经掌握到什么程度了，还有哪些方面有问题，希望得到老师或同学的帮助。

这种方式既是一种主动学习方式，也是一种自主评价方式，也就是说，可以同时起到提高学习效果和通过自我评价让老师及时了解自己的学习情况的作用，也便于老师更好地指导。这种自主评价方式，最好能在自主练习过程中进行，这时老师刚好在巡回指导，有时间听取评价结果，并能及时给予一定的指导。此时，同伴也在进行自主练习，也便于同伴之间的交流。

（9）自评手册法

体育教师可以制作一个自评手册，每节课轮流由学生填写，填写时间可安排在下课以后，像轮流值日一样，每次由3~5个人在上面进行自评，每学期每个学生轮流两次以上，平常由体育委员负责保管，一周上交一次，体育教师根据学生的自评结果及时调整教学方法或内容进度。

学生通过在课后填写自评手册，一方面，锻炼学生的自评能力、主动意识；另一方面，还便于老师了解学生的学习状况，及时改进教法。自评手册由体育委员妥善保管，不能遗失，最好不要在班内相互传阅，并按时提交给老师，按时取回做下一次的轮流自评。另外，评价手册上写什么，怎么写，老师事先要在班内提出要求，否则不便于归纳和整理。

（10）课后作业法

学生自评可以课堂内外相结合，为了能够让学生对自己的学习有一个全面而深入的分析，可以适当通过布置课后作业的形式，让学生下课后，选择自己认为比较合适的时间，完成老师布置的评价任务。如从自我感觉良好、自我感觉不好的两大视角，分析判断有哪些方面、什么原因导致的、如何改进和提高等。完成后由体育委员统一收回并提交给老师。老师可以在下一节课的开始部分做简单总结。

这种方式，有利于让学生静下心来好好反思自己的体育课堂学习，深刻反思自己认为满意的和不满意的做法，便于不断发现并纠正自己的错误。这种方式可以适当采用，但不能过于频繁，最好用在关键技术的学习课后，通过布置课后作业的形式，便于学生更好、更快地学习掌握动作。

3. 学生互评方法的建议

学生互评是在体育课堂学生与学生之间，或个体对小组、小组对小组等的互相评价。学生互评也是在新课改中倡导的评价方式之一，巧妙地运用学生互评手段，有利于提高课堂教学的质量。学生之间的评价能够起到互相学习、互相帮助、取长补短、相互促进的作用，但评价的方式要有效、新颖，力求好的评价效果。

（1）观察指正法

这是体育课堂上常用的互评方法，教师布置完练习任务后，常常安排相邻的两个学生为一组，在练习过程中做到互相观察，然后，互相指出对方练习的不足，同时互相学习对方表现好的地方。这种评价比较简单，便于操作，教学中的很多环节都可采用，但一般多使用在新授课的练习环节。

通过相互观察，相互学习，能够达到共同提高的目的。互评的前提就是要做到认真观察，真正地发现问题，同时，能够清晰地表达给对方，才能发挥相互评价的功效。

（2）组内展示法

在体育课堂上，可以采用小组内逐一展示的方法，一位学生展示结束后，全组同学一起给展示的学生进行评价，不但要评出优点，还要发现问题，并提出改进建议，直到最后一个学生展示和同伴对其评价结束，该项评价方式便完成。

组内展示，小组集体对展示的学生进行评价，能够发挥学生群体的力量，全面地进行评价，发现更多的优点和不足，便于改进和提高。组内展示评价要有序进行，而且，最好有一名小组长主持，全组学生积极观察和发言。

（3）组间展示法

学生互评还可以采取组与组之间互相评价的方式，具体操作方法上，可以先进行组间展示，互相观察，一组展示，另一组或多组观察，待展示结束，其他同学共同评价。以此方法，每一组都有展示和被评价的机会，同时，又有观察其他组展示和评价他人的方式。组间评价多用于学习即将结束的时候展开。

通过组与组之间的评价，能够了解全班各组学生，甚至是每一个学生的学习情况，从而起到互相学习和提高的目的。组与组展示，需要由教师组织，一组一组地进行。另外，在展示前，要提出一定的观察要求，还要鼓励其他组的学生，在认真观察的基础上，有序评价，且以口头评价为主。

（4）讨论评分法

有些评价可以借助书面形式，比如，将事先准备好的互评表带到课堂，以小组为单位进行练习，练习结束后，小组集中，借助于评价表，大家讨论按照评价标准客观地给每一个同学评分，然后将评价表提交给老师，老师根据这些分数，及时了解学生的学习情况。

通过这种方式组织学生互评，能够培养学生客观、公正地对待周围的人和事，并提高观察和判断能力。给每一位同学评分之前，既要有充分的观察和判断，又要有统一的标准参照，否则就很难做到公平。

（5）推荐“PK”法

体育课堂上，当学生练习即将结束的时候，老师可以组织分组，要求他们根据大家的技术动作推荐一个本组认为最好的，然后，各组最好的再进行“PK”，“PK”结束以后，老师组织大家互相对参与“PK”的几个同学进行评价。一方面，比较哪一组推荐的学生动作最标准，完成的质量最高；另一方面，让大家谈一谈，哪些同学的哪些动作还有待改进。

这种方式的评价可以提高组与组之间的竞争意识，提高学生的团队精神，还能够激励更多的学生认真学习，争取也能有被推荐参与“PK”的机会。练习之前教师就要将“PK”的任务布置下去，好让每一组都有所准备，还能够提高他们对课堂观察的重视，从而提高其观察能力。

（6）手势妙用法

体育课堂上，除了教师可以用多种手势辅助教学以外，学生在学习和评价过程中也可以不通过语言，而是通过手势的变换表达评价结果。如可以用掌声表达评价的赞赏的结果，当一个同学做完以后，动作做得出乎意料的好，同学们不自觉地鼓起了掌，这是大家对这位同学所完成动作的积极肯定；还可以同学与同学之间竖起大拇指，或两个同学、多个同学之间相互击掌表达胜利与成功。

通过妙用手势，可以起到此时无声胜有声的评价效果，同时，也能让同学之间增加友谊和交流。借助于手势进行评价，其前提是需要建立在认真观察的基础之上，确保手势准确，从而起到应有的激励作用。

（7）标志提示法

体育课上可以事先做一些小标志物，如小脚印、小手印、直线或响铃等。借助这些小标志物能够起到辅助评价的目的。如在垫子的中央纵向画上一条直线，学生做完全滚翻，其他同学可以根据他完成前滚翻或后滚翻时是否沿直线滚动，做出动作的规范程度判断。如没有沿直线滚动，同学可以评价其方向不正。如果是跳山羊练习，学生可以在“山羊”的两侧吊起两个小响铃，根据铃声判断同伴的腿是否伸直并抬到了一定的高度。

标志物提示辅助评价，能够使评价更加直观和客观，还能提高评价的趣味性，并能提高学生练习的积极性。事先准备好适宜的标志物，并确定好在哪个环节使用这些标志物，而且，这些标志物要尽可能简单、明显。

（8）明星推选法

在运动技术的学习中，当学生兴趣不高时，教师可以组织学生采用推选班内小明星的方式，展开同学之间的相互评价。其具体做法包括如下内容：第一，在练习之前布置该项评价任务：“班内推选小明星若干名”；第二，告诉学生推选小明星的标准和方法；第三，进行同质分组，确保每一组实力均等；第四，分组练习，在练习中要求学生认真观察；第五，组内比赛，组内每一个学生按照要求完成练习的动作，同组其他同学按照教师提出的评价标准给他评分，并说出优缺点，让被评价者心服口服，以此方式评价本组每一个同学，并推选出优胜者。当组别分的比较少的时候，每组被推选出的优胜者就可以成为班内小明星；如果班级人数比较多，组别比较多时，可以让被推选出来的组内明星再次进行比赛，最后推选出教师事先设定的明星人数。

该方式能够提高学生的竞争意识和团队精神，并提高练习的积极性和实效性。在推选过程中，标准一定要事先明确，否则就难以操作。

（9）标准研读法

在课前，教师要事先准备好评价环节所要用的评价标准，背面朝向学生挂在操场上合适的位置，如图板上、墙壁上或是篮球架上等。到了学生互评环节，教师将写有标准的纸张反过来，带领学生学习，了解这些评价标准。然后，组织评价工作，每一个学生看完同伴的动作后，按照标准中要求的几点依次做出评价。

教师事先准备评价标准，并给学生留出一定的时间熟悉这些标准。通过这种方式，可以提高学生评价的能力，同时，还能够让学生更加明确动作规范，提高练习的效率。评价方式可以两两同学进行，也可以小组组内评价使用，甚至是组员之间的评价，总之，标准可适合于任一形式的评价，因为该标准是规范动作的具体要求。

（10）组长记录法

有时候，体育课堂上并非都要进行学生互评，也并非所有内容的课都适合于学生互评，因此，就可以借助组长记录的方式，将本组每一个同学的表现事先记在脑子里，通过回忆的方式，课后在记录本上记下同组每一个同学的主要表现。

通过这种方式，一方面能够提高组长的观察和识记能力，另一方面还能够提高同学们练习的积极性和表现力。另外，这样的记录还能够为教师对学生进行过程性评价提供真实、可靠的资料。这种方式，对组长有一个特殊的要求，在学习过程中，还要认真观察同组每一个同学，并坚持每次课后做好记录。

对看课堂评价做进一步总结，归纳如下：

看课堂评价

课堂评价很重要，　课程改革有强调；
提倡发挥多元性，　师生评价灵活用；
合理有效看操作，　摸索尝试不放过；
评价把握关键点，　必要可行走在前；
时机不准法不明，　标准缺乏不可行；
教师评价方式多，　语言肢体都能说；
学生评价要记牢，　关键时刻用一招。

九、看安全隐患

我们看课时，很有可能在某个环节让你感到存在安全隐患，尽管有时候一节课上并没有发生安全事故，但安全隐患也是需要引起高度重视的。那么，如何才能将安全隐患减少到最低限度，尽可能地实现安全有效的教学呢？下面重点对如何看体育课上的安全隐患进行讨论。

（一）体育课安全隐患的危险性及认识误区

体育课上的安全隐患值得引起我们高度的重视，因为一旦防范措施缺乏或不得力，安全事故就很难避免。

1. 体育课安全隐患的危险性

体育课上所发生的安全事故，大都事先存在一定的安全隐患，因此，安全隐患本身带有一定程度上的危险性。它的危险性主要体现在安全事故的发生上，由于安全事故有大有小，小则轻微擦伤或挫伤，重则骨折，甚至危及生命。因此，安全隐患的危险性也就有了轻重缓急之分。从安全第一的角度考虑，任何安全事故都有必要加以规避。为了有效做好防范工作，下面对有无安全防范措施与有无事故发生构成的几种可能性进行分析说明，如图2-2-13 所示。

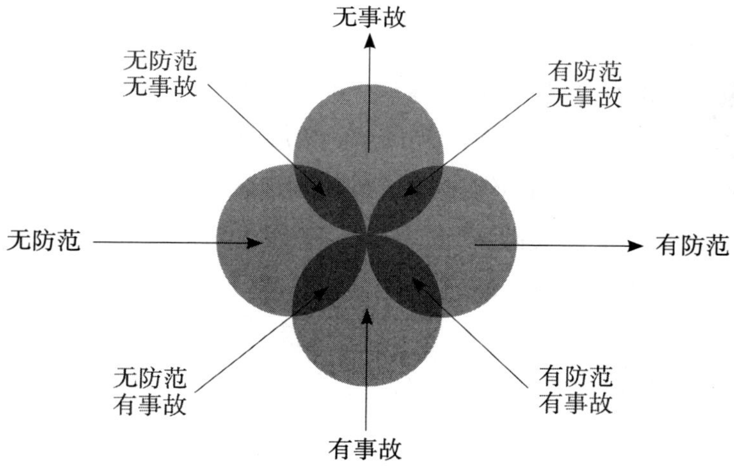

图 2-2-13　事故与防范的关系

从图 2-2-13 可以看出，有没有防范与是否发生安全事故存在四种可能性，即有防范无事故、无防范无事故、无防范有事故、有防范有事故。其中，“有防范无事故”说明课中存在安全隐患，防范措施得力，无事故发生。也就是说，只有有效的防范措施才能避免安全事故的发生。而与之对应的“有防范有事故”说明，体育课存在安全隐患，尽管采取了一定的防范措施，但由于措施不得力，而导致事故继续发生。同样，从无防范这个角度来看，也有两种可能性发生。对于“无防范无事故”而言，说明有的体育课不存在安全隐患，即教材、场地器材、组织形式等都比较合理，学生在体育课上正常参与体育学习会安然无恙。相反，“无防范有事故”的现象说明，体育课自身存在一定程度上的安全隐患，因未采取任何防范措施，而导致事故发生。总之，体育课要重视安全隐患的正确有效的防范工作，才能最大限度地避免安全事故的发生，安全隐患的危险性也自然会降到最低限度。

2. 对安全隐患的认识误区

（1）忽视了安全隐患的存在

由于大部分体育课都在室外运动场上组织教学活动，有可能因各种因素存在一定程度的隐患，这需要教师采取相应的防范工作加以避免事故发生。但实践中并非完全如此，有部分体育课，从头至尾并不能看到、听到或感受到教师的防范行动、语言或意识。更有甚者，当安全事故发生后，还有人会认为是纯属意外。这些认识都集中反映了体育教师应有的安全意识的缺失。

（2）认识到安全隐患的存在，但轻视防范工作

有些教师并非不具有安全意识，已经认识到了课中某个或某些环节安全隐患存在的可能性，却轻视采取有效防范工作的重要性。多数情况下只是听到教师向学生们发出的“注意安全”或“一定要注意安全”的指令，可是，学生仅仅听到这样的提示或要求，仍然不知道怎么防范，结果会导致隐患依然存在。学生自己无积极主动的防范能力，教师又缺乏可行的防范指导，事故发生有时就很难避免。因此，教师只是认识到有安全隐患还远远不够，还需要采取得力的防范措施，才能达到真正的防范作用与效果。

（3）对安全隐患的危险性评估失准

体育课上存在一定的安全隐患并不可怕，令人担忧的是对其危险性缺乏准确的评估。诸如，当前有些学校不开设体操课，担心体操课上出现安全事故，尤其是器械体操更不让上或不愿上了，操场上的单双杠不见了，跳箱、

“山羊”等器械被堆放在器材室的角落，或藏匿起来。这种做法，实际上是对体操器械在教学中存在一定程度的安全隐患而做出的危险性高估现象。还有就是对安全隐患的危险性低估的现象，有些体育课上也看到了教师采取了一定的防范措施，却仍然出现事故，其关键问题在于对安全隐患未做出客观、准确、深入的评估，有时存有侥幸心理，总觉得安全事故可能不会发生，就淡化了对安全隐患的正确防范，这是不切实际的做法。因此，对安全隐患要有正确的认识，既不可过高估计而逃避，也不可低估危险性而麻痹大意。

（二）体育教学中的安全隐患类型

体育课中的安全隐患究竟存在于何处？为了更好地做有效防范，有必要对其进一步归纳。

1. 体育教学内容自身的安全性问题

有的体育教学内容本身就具有一定的安全隐患，假如事先未能充分认识并提出相应的防范措施，就有可能在组织教学过程中出现一定程度的危险。比如，篮球传接球技术，要求在接球的时候手指朝向正确，否则，对于初学者来说，很容易造成手指挫伤；再如，体操双杠上的滚翻技术，它要求学生在做动作的时候，相应的肌肉用力正确，保持该技术所要求的身体姿态，手抓握杠的时候，一定要牢固等，一旦出现不按要求做动作或因技术动作未掌握，完成该项练习时，就容易从杠上掉下来而出现伤及身体某一部位的现象。因此，对于那些安全性要求高的教材，教师在课前要有充分的认知度，才能及时有效地做好防范工作，最大限度地减少事故的发生。

2. 场地器材的安全性问题

几乎所有的体育课都会或多或少地用到场地器材，因此，场地器材的安全性也不容忽视。要想使体育课不因场地器材而发生危险，首先就需要充分考虑场地使用的安全性，如跑道面是否平整，有无小石块撒落在跑道上；跳远沙坑是否安全卫生；篮球场地会不会因阴雨而湿滑；等等。只有确保场地符合要求，才能正常安排体育教学工作。要安全实施教学，就需要事先对其分别做好安全检查与及时修正。其次，关于器材的安全性同样不可忽视。尤其对于那些已经存在一定程度安全隐患的器材，更要确保其安全使用。如体操单双杠课前，需要检查器械的牢固性，看是否有螺丝松动现象，有松动未提前检修的话，很容易造成完成动作过程中出现杠体脱落，做动作的学生从杠上掉下来而发生意外；羽毛球课前，要检查羽毛球拍的拍头是否有明显或轻微的松动现象等，一旦这些现象存在，就会有较大的危险性，轻者刺破皮肤，重者也有可能造成一定程度伤残或生命危险。因此，课前尤其在课的设计过程中，要充分认识到检查器材的重要性，采取及时的行动使其达到安全标准，方可正常实施教学。

3. 教学组织的安全性问题

体育课上的安全事故，有一定比例是因为组织不当引起的。组织不当，一方面，说明教师缺乏安全防范意识；另一方面，反映部分教师的安全防范能力有所欠缺，也就是说，防范措施不及时或效果不明显。基于此，提高教学组织的安全性工作需要提高防范意识与防范能力。如投掷项目教学，学生的站位极其重要，过近易出现砸伤事件，过远会因捡器械而浪费一定的时间。只有做到恰到好处、远近适度，才能做出有效的组织教学工作。以前，因组织不当而引起的铅球、实心球、标枪等伤及学生现象时有发生，因此，需要引起教师高度的重视。投掷区在投掷练习过程中严格禁止有人走动，面对面站立的两组学生，组织投掷练习的时候，需要严格按照教师的口令进行投或捡器械的练习，否则安全事故随时都有可能发生。再如，体育课上个别游戏的组织活动，游戏本身或许并不存在安全隐患，可是，由于任课教师对游戏组织缺乏安全性考虑，学生在游戏中竞争拼抢的时候很容易出现撞击事件，或游戏中的小器械刺伤身体某一部位的现象，有时甚至导致无法挽回的后果（如刺伤眼睛）。因此，组织要科学、合理，确保体育活动安全有效。

（三）看课判断安全隐患的有无与严重性

要想使体育课上的安全事故减少到最低限度，看课时需要捕捉安全隐患处于何处、大小、防范难度等，并及时做出判断。

1. **安全隐患有无的判断**

通过分析教材、场地器材，以及组织方法或练习形式，要能够判断安全隐患是否存在。有时候，是一处或一个教学环节存在安全隐患；有时候，几个方面同时都有可能存在安全隐患。但无论怎样，都需要看课者对安全隐患的有无首先做出准确的判断。前面谈到的“揪心”感就是从主观上判断安全隐患有无的有效方法。

2. **安全隐患大小的判断**

安全隐患无论是一处还是多处，只要有安全隐患存在的可能性，就会有危险性大小之分。判断安全隐患的危险性大小极其必要，只有对其有较为准确的判断，才能知道课上教师所采取的安全防范措施能否对其有防范作用。然而，有时隐患较大，教师给出的防范措施并不给力，结果导致了安全事故发生；有时隐患较小，有的教师忽视了对其的防范处理。这些做法都须教师高度重视。

3. **安全隐患防范效果的判断**

有时，仅仅知道有安全隐患，以及能够判断安全隐患危险性大小，还不能确保安全事故完全不发生，也就是说，仍有事故发生的可能性。依然需要准确评估防范效果，及时规避或减少安全事故的发生。有时候，安全隐患的危险性较大，所采取的防范措施不一定能够及时起到防范作用，这样就难以避免安全事故的发生。

图 2-2-14 反映出，安全隐患大与小，防范措施好与差有可能构成四种可能性，其中，无论隐患大还是小，只要采取的措施得力都有可能达到理想的效果。相反，当防范措施不得力的时候，大小隐患都难以防范。基于此，防范措施需要考虑，但影响防范效果的主要因素还是防范措施的合理性问题。

4. **安全隐患防范难度的判断**

体育课上，针对不同的安全隐患，可以采取不同的或相似的措施，有时教师希望防范工作能达到理想的效果，但由于防范过程中有可能遇到这样或

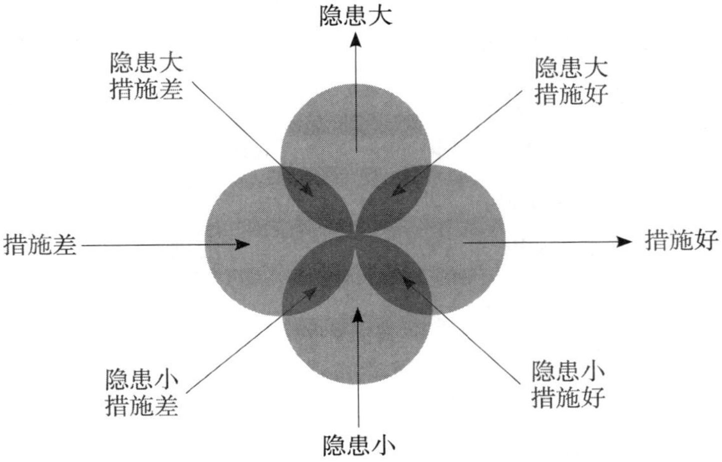

图 2-2-14　隐患与措施的关系

那样的难题而不能如愿。安全隐患防范难度的判断，就是对防范可行性的分析和论证过程。从理论上说，有些防范措施是极有价值的，但在实际教学中并非能够发挥其应有的作用。如需要正确有效保护的练习，但事故依然发生，其原因有可能是因为保护者未能尽心尽力，或思想麻痹，还有可能是重视了保护但保护方法不正确等，都有可能发挥不了保护的作用，结果导致事故依然发生。

看安全隐患的方法技巧做进一步总结，归纳如下：

看安全隐患

教学事故要防范，　安全隐患是关键；
事故大小认识清，　防范意识放心中；
隐患种类多又多，　器材教材分类说；
看课关键要记牢，　隐患有无和大小。

十、看突发事件

体育课上的突发事件有大有小、有正向有负向，负向的突发事件，大的有可能出现伤害事故，小的会对课堂有所干扰。看突发事件，需要把握以下问题：为什么会出现这样或那样的突发事件？突发事件发生后教师应如何处理？不同类型的突发事件在课堂教学中将会产生什么样的影响？如何化险为夷？当然，要正确认识和应对体育课堂上出现的突发事件，还需要从其“因”、“果”着手进行分析，通过看课，不仅可以了解突发事件是什么，有哪些突发事件，同时，还可以观察教师对突发事件的处理能力。

（一）突发事件如何定位

在分析突发事件之前，实际上有一个至关重要的问题就是，体育课堂上发生什么样的事件才算是突发事件？如老师在讲解动作要领时，突然有学生提出一个令老师意想不到的问题，算不算突发事件？当老师让学生分组讨论要求每个学生都发言的时候，有学生一言不发，是不是突发事件？又如当老师让学生们分组练习时，有学生不小心摔倒擦伤了，属不属于突发事件？我们该如何给突发事件一个较为准确的定位？也就是说，体育课上发生的事件程度达到多大的影响才算是突发事件？

突发事件“度”的把握，可以看作是突发事件定位的关键。所谓突发事件的“度”，主要是指影响程度。由此，笔者理解突发事件的时候，从字面上看，包含两个核心要素，即“突发”与“事件”，也就是说，是教师始料未及的，体育课上突然发生的，同时，又是有前因后果的，称其为事件的。因此，那些由教师事先设计的事件并非是突发事件（据说，有个别地区，指导教师给任课教师指导课时，故意设计一个突发事件，让任课教师在课堂上解决），另外，对于体育课上学生出现的注意力不集中、不积极回答老师提出的问题等消极学习行为与态度，假如达不到一定的影响就构不成突发事件。因为，这种自我的学习态度或行为，对周围其他同学或整个班集体不会造成一定影响，或影响性未达到一定的程度；反之，便可视为突发事件。

（二）突发事件源于何处

体育课堂上突然发生的、有一定影响度的事件被看作是突发事件，那么，突发事件源于何处？也就是说，为什么会发生突发事件？为什么有的观摩课会事先预设突发事件？其目的何在？如何正确认识突发事件？要回答这些问题，我们首先需要进一步明确突发事件的来源。它不能由教师事先安排，即便是为了在观摩课上展示教师对突发事件的处理能力，采用这种方式也依然不妥。因为事先安排的所谓的“突发事件”，教师已经事先有所知晓，已经不能算是突然发生的，从中根本看不出教师处理突发事件的能力大小。突发事件一定是课堂上偶发的，而非事先设计的。突发事件本身，既有可能源于教师也有可能源于学生，还有可能源于场地器材等课堂内部环境，甚至有可能源于课堂外部环境，如其他班级课堂的影响、天气的影响等。对各种原因引发的突发事件具体分析如下。

1. 源于课堂内部环境的突发事件

体育课堂内的环境因素有教师、学生、场地、器材等。这些因素引发突发事件的可能性有大有小，以下分别阐述。

（1）教师引发突发事件的可能性

一般情况下，人们总是把教师作为处理突发事件的角色来定位，实际上，在体育课堂中，教师有可能会引发突发事件。如教师组织不当，口令不完整或口令错误，导致全体学生行动错误，教师费尽九牛二虎之力才能扭转局面，影响了教学的正常进程。当然，这种情况是教师不希望看到的，但确实发生了，归其原因又是教师所致。因此，我们就不能忽视教师引发突发事件的可能性，也就是说，教师自身也要关注每个教学环节，确保正确无误，以最大限度地减少突发事件。

（2）学生引发突发事件的可能性

体育课上的突发事件有一部分可能是源于学生，有的源于一个学生，有的是多个学生集体所为。突发事件的类型也非常多元，有的是学生因为调皮捣蛋思想在作怪引发的突发事件，具有一定程度上的主观性或故意性；有的是老师未曾料想到的突发事件，如未能严格按照老师的要求练习，出现安全事故；还有的是以一个学生为主、其他同学积极响应的突发事件，如体育课上有一个学生要求见习，紧跟着有几个学生一起提出同样的要求。实际上，很有可能这些学生根本不是真正需要见习，而是利用见习之机离开课堂去做自己想做的事情。从严格意义上说，这部分群体既没有“见”也没有“习”，不能称为真正意义上的见习生。对于一节体育课来讲，又是教师未能预料的，尤其是教师事先在进行教学设计的时候，准备按照班级原有人数分组，练习某一项技术或做游戏，这样一来，就有可能打乱教师的计划，而不得不另做调整。除此之外，体育课上因学生而引发的突发事件还有很多，如老师刚做完示范后，一名学生发现老师的示范不是十分标准或优美，主动上前给大家做示范，老师感觉很是尴尬。这样的事件，老师或许也未能预料。实际上，体育课上大部分突发事件都与学生有关，而且有相当一部分突发事件还是由学生引发的。基于此，要想避免体育课上出现突发事件，就要多注意观察学生，并在教学设计阶段，深入地做好学情分析，对有可能出现突发事件的环节有所预测，将负面突发事件发生的可能性力争减少到最低限度。

（3）场地、器材引发突发事件的可能性

体育课都需要场地，且大部分的体育课还需要器材，因场地、器材而引发的突发事件不可轻视，此类突发事件大都与安全事故有关，即危险性会波及学生的健康与安全。比如，有一节羽毛球课，对面两个学生在练习时，突然有一位学生的羽毛球“拍头”脱落被甩了出去，砸到另一位同学的眼部。这种事件尽管是两个同学在练习中发生的，但主要是由于器材本身的缘故所致。当然，其中还存在上课之前教师对器材的安全检查的问题。又如，一节跳远课上，一位学生完成一次试跳，突然出现股骨骨折这一严重事件。究其原因，主要是由于沙坑场地长期受雨水冲刷变得较为坚硬，学生助跑急行跳起落地，再加上缺乏有效缓冲能力，结果导致骨折事件发生。发生此类突发事件，更应引起教师的高度重视，因为这类突发事件的危险性要远远高于学生调皮捣蛋或教师错误口令而引发的事件，课前加强安全检查，及时消除隐患，是减少此类事件发生最有效的方法。

2. 源于课堂外部环境的突发事件

（1）外班体育活动引发突发事件的可能性

由于受场地条件、学生人数的影响，几乎每所学校很少有每次只有一个班上体育课的情况，往往都是两三个班，甚至更多的班级同时在一个操场上上体育课，这样就会互相干扰。假如在上课过程中发生突发事件，应引起任课教师的高度关注，并能及时采取有效措施进行调整。如一节跆拳道课，在体育馆表演台上组织教学活动，而馆内同时有其他两个班级在上篮球课，其中有一个班在进行教学比赛且较为激烈。同时，上跆拳道的班级，老师正在讲解示范，学生们席地而坐听讲观察，讲解示范结束后，老师发出“起立”的口令，并提出练习要求，大部分学生“听而未闻”、“视而不见”，而是纹丝不动并全神贯注地观看另一班的篮球教学比赛。此时，才引起任课教师的重视，从某种意义上来说，该讲解示范未发挥作用，直接影响到下一环节的活动。另外，在小场地上同时几个班一起上体育课时，由于事先缺乏沟通，体育课上班级之间有时会因场地而发生冲突，如一个班级在一块较宽敞的场地上练习武术健身拳，而另一个班级要从该处跑过（耐久跑），结果就会因未及时躲让而发生冲突。诸如此类的突发事件，尽管原因不在班内，是班与班之间发生的，也同样不容忽视。

（2）气候环境引发突发事件的可能性

受气候条件的影响，体育课随时需要调整活动的场所或训练强度，有时，会因调整不及时或考虑不周全引发事故，这样的突发事件也不可忽视。如在炎热的夏季上体育课出现的中暑事件，尽管有的学生没有因中暑而晕厥，但在十分炎热的气候条件下，会出现若干个学生精神不振、体力不支、积极性不高的现象。另外，在上体育课的过程中，有时会偶遇下雨，有的教师为了让学生坚持锻炼，在雨下得不太大的情况下，没有停止体育活动，结果就有可能因场地湿滑而出现摔倒损伤等情况。然而，这些因气候条件而引发的运动性损伤，在很大程度上是可以避免的。

（三）看突发事件的步骤与方法

在体育课堂上，突发事件往往是事先不曾料到的，因此，对于看课者而言，也难以有事先的准备。当然，在看课之前，事先了解一下教案十分必要，因为对教学目标、内容、场地器材等事先有个了解，能够在看课时做到心中有数，不至于盲目地看课。而且，可以集中注意力看课的细节，同时，还能够及时发现哪些环节和组织形式是教案中已经有设计的，哪些是临时调整的。当然，大多数课都会按照教案上所设定的组织教学。

除了看教案，在具体看课过程中，要把握以下几点：第一，从开始部分一直到结束部分，整个上课过程是否有突发事件发生。第二，当发现有突发事件发生时，要及时记录下来，并标注是正向的还是具有负面影响的突发事件，即对突发事件要做出判断。假如一节课连续多次突发事件发生，要能够逐一将其记录下来，并做出判断。第三，要能够快速分析产生突发事件的原因，同时也尽可能地将原因都做好记录。第四，需要认真观察教师处理突发事件的方法，是巧妙地处理，还是不管、不问，或是对突发事件缺乏处理能力，使突发事件的严重性加大。无论是什么样的处理情况，作为看课者，要及时捕捉这些信息，一方面有利于对突发事件及其处理方法进行归类，另一方面也便于提高自己对突发事件的预见能力和处理能力。第五，与其他看课专题一样，当在看课过程中未能完全搞明白突发事件，如没看清是如何发生的，或没听清楚教师是如何处理的等，都可以在课后与教师交流，以便对突发事件有更全面的把握。

（四）突发事件如何防范与处理

体育课上出现的突发事件，有一些是可以通过防范措施最大可能地降低的，有的突发事件，假如处理得当可以减小其负面影响。基于此，接下来谈一谈突发事件该如何防范和处理。

1. 突发事件的防范

对于有负面影响的突发事件，还是要多考虑防范措施，尤其对于有可能出现安全事故的突发事件更应做好防范工作，但如何防范呢？

（1）强化责任提高防范意识

实际上，任何一位教师都担心在上体育课的时候出现安全事故，因为一旦出现一例，将带来难以解脱的麻烦，当然，学生因不同程度的损伤更是深受其害。为了避免此类事件发生，任课教师应在体育课前、课中，乃至课后，都要强化责任，提高防范意识，也就是说，要首先想到去防范，既要充分还要细致，否则，就有可能因疏忽而引发伤害性突发事件。

（2）勤于动手动脑降低事故概率

体育教师是传递体育知识和运动技能的健康文明的使者，当然，没有任何一位教师会在突发的伤害事故面前无动于衷，但被动的处理与主动的排除将会是两种截然不同的结果。为了能够达到理想的防范效果，需要教师勤于动手动脑。其中，动手是指最好能够在课前对场地“看个遍”，对器材“摸个遍”。主要目的在于，及时发现场地、器材的安全隐患，发现问题及时处理。如破旧失修的羽毛球拍是否考虑更换？跳远沙坑是否在课前需要松动平整？跳高课中发现海绵垫子歪斜，是否需要动手归位？看似举手之劳，实际上，将能够极大地防范事故的发生。所谓动脑，就是指课前要对教材、场地器材、学生等有一个充分的考虑，要有预测能力，把有可能发生的伤害性突发事件充分地考虑周全，做好防范预案。同时，在课中，还要充分想象，通过观察了解突发事件发生的可能性，及时做出准确判断，以最大限度地减少事件发生。

2. 突发事件的处理

突发事件一旦发生，大都需要教师主动做出准确的判断，并正确、有效地处理。当然，不同的突发事件因其影响不同，处理的方法也有所区分。

（1）对严重突发事件的处理方略

在众多突发事件中，有的是较为严重的突发事件，一旦有这类事件发生，需要充分发挥“体育教师是半个外科医生”的作用，尤其是对严重程度较大、危及学生生命安全的事故，教师一定要冷静、机智、高效地处理。冷静，是要求此时此刻不慌张，淡定有章法，思维不紊乱，先干什么后干什么，安排得恰如其分。如判断是否需要拨打“120”电话急救，是否需要通知校医急速赶到，是否需要采取紧急措施解除暂时性的晕厥或休克症状等。机智，是要求判断正确，方法恰当，时机准确，一旦发生严重的突发事件，万万不可因过度紧张而思维短路，要很机敏地做出最快速的反应和采取最适宜的措施。高效，要求教师选择的处理方案具有时效性，如对骨折的学生采取何种搬运方法才不至于带来更大的伤害，教师要能够掌握不同部位损伤骨折学生的搬运方法。总之，体育教师不但需要有防范伤害性突发事件的意识，在较为严重的伤害事故面前，既要从容应对，还要能够方法得当。

（2）对中等突发事件的处理方略

中等突发事件对课以及对学生的影响介于严重与轻微之间，但它的影响性有时已经足以对课的有效组织带来麻烦，对学生的健康带来一定程度的危害。对于中等突发事件的处理方法，教师依然需要提高警惕，采取有效措施及时处理，确保课的有效开展。如当学生在体育课上发生打骂事件，教师就不能听之任之，不能得过且过地“冷处理”，而是需要采取积极的态度和有针对性的措施。当然，不同学段的学生在体育课上发生此类打架斗殴的事件，处理的方法也应有所不同。在小学学段，可以用“竞赛法”，如当教师发现有两组学生因比赛出现矛盾争执时，教师采取“看哪一组同学先站好，站得既快又整齐”的比赛方式，就有可能制止这类突发事件的发生。而对于正值青春期的初中生来讲，再用这样的方式处理就不灵了。有时需要反着来，因为处于青春期的学生逆反心理比较明显，假如一味地制止，学生就很有可能争执程度加剧，但反着来，或许能够取得理想的效果。当初中生发生打骂现象时，教师可以走上前去说：“刚才谁先骂人的，骂的什么？我听听是不是还不够狠；打哪了？是不是还不够痛？”当学生听到这样的语言，往往都会停止下来不再争执。对于高中生来讲，可以根据时机和火候施加批评教育，采用动之以情、晓之以理、导之以行的方式处理该类突发事件。

（3）对轻微突发事件的处理方略

体育课上还有些轻微的突发事件，对课和学生产生的影响都不是很大，但有时确实会影响课的顺利开展，影响教师的教法实施，影响其他学生的学习效果等。因此，教师对轻微的突发事件也应给予一定程度的关注，不可置之不理。对这类事件，教师需要做到心中有学生，要对事件产生的原因有一个充分的认知，判断是场地器材的缘故，还是学生自身的原因；并对可能产生的结果有一个相对准确的预测，如是否影响学生们的学习积极性；是否影响学生之间的友好与团结，等等。诸如此类的分析判断后，就要采取恰当的方式给予应对，如在体育馆内上跆拳道教师讲解示范的时候，大多数学生出现听讲观察不集中的现象，教师要能够及时观察，并分析判断是否是由于其他班级的体育活动影响所致，紧接着需要行动起来，让学生背对其他班级上课，从而提高学生的注意力和关注度。体育教学中，教师要尽量避免只顾自己教而不顾学生学，只顾按教学流程组织教学活动，不顾学生在各个环节学习的真实情况。

再如，当示范结束有学生主动重新示范时，教师应结合学生示范的效果给予肯定，提高该学生的学习积极性，激励其他学生要有挑战精神。同时，对教师来讲，这也是一种鞭策，需要不断提高运动技能水平，否则尴尬的教学局面将很难完全排除。总之，轻微的突发事件不能因其影响不大而被忽略。

体育课上的突发事件，可以说会时有发生，由于其严重性不同，教师的重视程度和对学生的危险性、对课的影响性都有所不同，但无论是严重的、中等的，还是轻微的，只要是具有负面影响的，尤其是伤害性突发事件，都不可掉以轻心。可见，提高对突发事件的防范意识和处理突发事件的能力至关重要，同时，防范意识的强弱、处理能力的大小也是体育教师教育教学能力及专业化水平高低的重要标志之一。

对看突发事件的方法技巧进一步总结，归纳如下：

看突发事件

突发事件少不了，　课堂内外因素找；
事件源于随机地，　课前准备无设计；
事件作用有不同，　正向反向方向明；
引发事件因素多，　教师学生分开说；
内外环境考虑过，　准确判断不会错；
处理事件有区分，　轻重缓急要认真；
严重事件不慌神，　急救措施判断准；
中小事件不放松，　机智处理方法清。

第三部分

体育教师看课——课例分析

哪些课存在问题？是什么问题？哪些课亮点突出？是什么亮点？不同类型的课有什么特点？对于要把握看课门道的教师来说，通过一些具体的案例了解这些问题十分必要。诸如，研究课是如何上的？研究课的教学设计与实际教学是否存在不一致的现象？通过事先了解教学设计，进而观察研究课的教学过程，便能够找到问题所在。又如，体育教学中的教法和学法需要大家十分关注，通过看一节常态课，进一步分析其特点和案例中任课教师的教学经验，能够带来一些新的启发。看课并非都是用眼睛观察，还不可忽视听教学语言，课堂上师生都说了些什么？哪些语言准确、得体、有效？如何把握教学语言？这更是需要通过了解案例认真把握的。总之，通过全面系统地了解案例教学的全过程，不仅能够提高教师的看课技巧，而且能够提高教师的课堂教学质量。

第一章　研究课：看教学设计——“武术：健身拳”

大家对体育教学设计并不陌生，但是，我们怎么能够从看课中了解教师是如何设计的呢？课堂教学与设计是否完全一致？下面重点讨论如何通过看研究课来分析判断体育教学设计及与课堂教学的对应性。笔者由于参与了该研究课的观摩活动，因此，对该课的设计与课堂教学较为熟悉，希望能够通过对该研究课的分析，给大家带来一些启示。

一、看课前了解教学设计

无论处于何种看课目的，在看课前都需要了解教学设计，尤其是教学设计中的教案部分更要认真研读，了解教学的目标、重难点、教学方法、教学组织等。对于这些基本信息的了解，将对看课进一步了解教学设计的特点、优缺点，以及现场教学与教学设计的对应性等都有很大的帮助。下面以北京市第十四中学李江泰老师上的初中一年级男生“武术：健身拳”课为例进行分析。

“武术：健身拳”教学设计

任课教师：李江泰　北京市第十四中学

一、指导思想

本课依据《义务教育体育与健康课程标准（2011 年版）》水平四的基本精

神和要求，坚持“健康第一”的指导思想，贯彻以学生发展为本和健身育人的理念。

课堂教学中，在充分发挥教师主导作用的前提下，从学生身心健康发展需求，努力构建学生在体育课堂教学中的主体地位，引导学生在学练中开动脑筋，积极思考，注重激发学生的学习兴趣和练习欲望，师生共同努力创设严谨和谐的教学氛围。

二、教材内容

本课内容选自人民教育出版社《体育与健康：七～九年级　全一册》教材中的“健身拳”。

三、单元课次

本单元共9次课，本课为第5次课。

四、教学背景分析

1. 教材分析

健身拳，属于长拳。其中包括拳、掌、肘、爪、勾的打法和脚踢、膝顶、头撞、按摔等技法，内容丰富，攻防特点明显。本次课为单元第5次课，学习和掌握健身拳5~8动作（转身按摔→提膝架推→分拳前撞→托撞双肘）。

转身按摔由上步、平掳、下按、跪膝四个动作构成，具有明显的攻防特点；提膝架推需要较好的身体重心和方向的控制；分拳前撞和托撞双肘注意着力点和节奏。其中，转身按摔与提膝架推动作的衔接是难点，包括转身的方向、支撑腿的稳定和手臂变化的路线。

“武术：健身拳”单元计划

教学目标	认知目标：了解武术的基本知识及锻炼价值。 技能目标：学习和掌握健身拳的整套技术动作，发展学生的灵敏、柔韧和协调等素质。 情感目标：培养学生勤学苦练、自尊、自信的品质，尊重和爱护同伴，加强武德教育。

续表

课时	技能目标	教学重难点	教法措施及要求
一	1. 学习武术基本手型、步法。 2. 学习武术操《英雄少年》第一节至第三节。 3. 通过武术基本功和武术操学习，发展学生的灵敏、柔韧和协调等素质。	重点： 手型介绍（拳、掌、勾）； 步法介绍（弓、马、仆）。 难点： 发力技术。	1. 教师讲解示范武术基本功，学生跟随模仿练习： (1) 拳、掌、勾手型变换； (2) 弓、马步型变换； (3) 仆步轮拍； (4) 正踢腿。 2. 教师讲解示范抱拳礼和预备动作姿势。 (1) 抱拳礼的含义。含义一：拳代表攻，掌代表防，掌盖拳表示尊重对手；含义二：拳掌代表武林五湖四海皆兄弟。 (2) 武术立正与队列立正的区别。并脚尖、分脚尖。 要求：抱拳两手臂与肩同高，大小臂约 120°。 3. 教师示范武术操 1~3 节。 要求：认真观察。 4. 分解动作模仿练习。 要求：精神集中，动作路线正确。 5. 分组自练，教师各组巡视，个别辅导。 要求：小组长负责，练习积极。 6. 集体听口令练习，教师语言提示。
二	1. 复习武术操《英雄少年》第一节至第三节。 2. 学习武术操《英雄少年》第四节至第六节。 3. 通过武术基本功和武术操学习，发展学生的灵敏、柔韧和协调等素质。	重点： 手型、步型。 难点： 上下肢的协调配合。	1. 复习武术基本功，强调技术要领。 2. 教师带领复习武术操 1~3 节，针对练习中出现的错误，重点强调动作要领。 3. 教师示范武术操 4~6 节。 4. 分解动作模仿练习。 5. 分组自练，教师各组巡视，个别辅导。 要求：小组长负责，练习积极。 6. 集体听口令练习 1~6 节。

续表

课时	技能目标	教学重难点	教法措施及要求
三	1. 复习武术操《英雄少年》第一节至第六节。 2. 学习武术操《英雄少年》第七节至第九节。 3. 通过武术基本功和武术操学习，发展学生灵敏、柔韧和协调性。	重点： 手型、步型。 难点： 上下肢的协调配合。	1. 复习武术基本功，强调技术要领。 2. 教师带领复习武术操 1~6 节，针对练习中出现的错误，重点强调动作要领。 3. 教师示范武术操 7~9 节。 4. 分解动作模仿练习。 5. 分组自练，教师各组巡视，个别辅导。 要求：小组长负责，练习积极。 6. 集体听口令练习 1~9 节。
四	1. 复习和巩固武术操《英雄少年》，规范动作。 2. 学习健身拳第1~4 动作技术。 3. 通过健身拳学习，发展学生的灵敏、柔韧和协调等素质，以及良好的身体姿态。	重点： 冲拳、弹踢、蝶掌动作准确规范。 难点： 协调连贯、劲力顺达、眼随手动。	1. 教师讲解示范整套动作，提示特点和要求。 2. 分解进行戳掌、冲拳动作。 第一步：直立抱拳； 第二步：弓步戳掌； 第三步：马步收拳； 第四步：跪步冲拳。 3. 模仿学习抽拳弹踢。 4. 分解动作练习进步蝶掌。 5. 教师找学生示范讲解各动作攻防含义。
五	1. 复习健身拳第1~4 动作技术。 2. 学习健身拳第5~8 动作技术。 3. 通过健身拳学习，发展学生的灵敏、柔韧和协调等素质，以及良好的身体姿态。	重点： 按、摔、架、推动作路线清晰，准确连贯。 难点： 动作协调、劲力顺达、舒展有力。	1. 复习健身拳第 1~4 动作技术。 2. 分步进行转身按摔动作。 第一步：教学弓步下按； 第二步：练习转身跪步； 第三步：教学完整动作。 3. 分解进行动作练习。 第一步：提膝架推； 第二步：交叉上架； 第三步：分拳前撞； 第四步：托撞双肘。 4. 教师找学生示范讲解各动作攻防含义。

续表

课时	技能目标	教学重难点	教法措施及要求
六	1. 复习健身拳第5~8动作技术。 2. 学习健身拳第9~12动作技术。 3. 通过健身拳学习，发展学生的灵敏、柔韧和协调等素质，以及良好的身体姿态。	重点： 顶膝、横打快速连贯，准确有力。 难点： 动作轻快、勇猛，劲力顺达。	1. 分解动作练习。 第一步：左腿提膝； 第二步：跳步顶膝； 第三步：落步转身； 第四步：马步横打。 2. 定式分解练习，纠正收式动作。 3. 反复体会正确的发力顺序方法，体会以腰带臂。
七	1. 复习和改进健身拳完整套路，规范动作。 2. 通过健身拳学习，发展学生的灵敏、柔韧和协调等素质，以及良好的身体姿态。	重点： 精神饱满、动作准确工整、舒展有力。 难点： 节奏明显，富有气势。	1. 反复进行分段纠正和整套练习。 2. 分组进行复习纠正和演示。 3. 重点动作分解练习进行纠正。
八	1. 熟练和巩固健身拳完整套路，提高整套动作的连贯性和节奏感。 2. 通过健身拳学习，发展学生的灵敏、柔韧和协调等素质，以及良好的身体姿态。	重点： 动作路线、动作方向。 难点： 各个动作衔接连贯，节奏分明。	1. 教师讲解评分标准。 2. 分组进行复习纠正。 3. 分组演示，教师引导学生进行评价。 4. 强调动作重点和难点。
九	检查学生掌握健身拳套路情况。	重点： 完成考核。	1. 讲解考核要求，进行复习提高。 2. 布置考核的组织程序，按程序组织考核和观摩。 3. 宣布考核结果，进行单元总结。

2. 学情分析

本课教学对象为初中一年级新生，通过两个月体育课的观察和了解，发现学生体育基本素质一般，柔韧性、协调性和身体平衡控制较差；小学没有接触过武术教材，武术基本功几乎为零，缺乏对武术的正确认识和理解。针对以上问题，本课主要从学生的养成教育入手，将课堂常规与武德相结合，通过严谨的教学组织设计、准确规范的动作示范、认真刻苦的学练氛围，培养学生的武术兴趣，提高学生的运动技能。

五、教学流程

课堂常规 → 行进间队列 → 柔韧练习 → 武术操《英雄少年》 → “打靶”练习 → 复习健身拳1~4动作 → 学习健身拳5~8动作 → 小组展示 教师评价 → 迎面接力跑比赛 → 放松小结

六、教学方法与手段

本次课根据学生的认知水平和实际能力，主要采取讲解示范、分解完整、分析讨论等教法，通过模仿练习、自主合作练习、游戏比赛等多种教法，使生生之间互相帮助、互相学习、互相指导评价、互相勉励提高，共同完成学习目标。

七、教学资源

1. 器材：接力棒 4 根。
2. 武术专用手靶 20 个。
3. 锥形标志筒 8 个。
4. CD 机 1 台。

“武术：健身拳”课时教学计划

年级：初一男生　　人数：37 人　　单元课次：第 5 次课　　教师：李江泰

教学内容：健身拳和迎面接力跑比赛。	
教学目标	认知目标：学生知道健身拳 5~8 的动作名称及攻防含义。 技能目标：学习健身拳 5~8 动作，85% 以上的学生在教师的提示和小组的协助下，能够较熟练地完成成套动作，并形成一定的武术攻防意识，提高灵敏、柔韧和协调等素质。 情感目标：培养学生认真观察、勤学苦练的学习习惯；学会尊重和爱护同伴，培养崇尚武德的精神。
教学重点：动作结构、动作路线。 教学难点：动作的连贯和用力顺序。	

续表

项目	课的内容	次数	时间	组织教法与要求
开始部分 3分钟	一、课堂常规 1. 体委整队，清点人数； 2. 师生问好； 3. 检查服装； 4. 安排见习生，见习生随队听课，协助教师工作。		1分钟	组织：四列横队 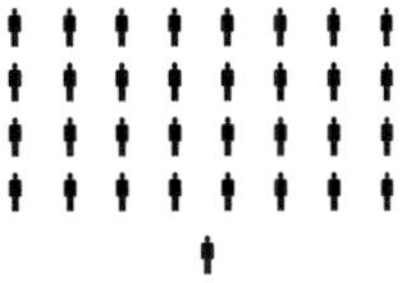
	二、宣布本课任务与要求 1. 学习健身拳； 2. 武德教育。		2分钟	要求： 1. 集合做到快、静、齐； 2. 精神饱满，注意力集中。
准备部分 10分钟	一、队列练习 1. 并队、列队走； 2. 并队、列队跑。		2分钟	一、组织：如图所示  要求： 1. 排面整齐，精神饱满； 2. 脚步轻盈，动作自然。
	二、柔韧练习 1. 双人压肩； 2. 仆步轮拍； 3. 俯腰下压； 4. 正踢腿。	4×8	3分钟	二、组织：四列横队呈体操队形 教法：教师领做，语言提示要领。 要求： 1. 双人压肩配合一致； 2. 仆步轮拍两臂异向同步，轮转充分； 3. 下腰上体尽量向腿靠拢； 4. 正踢腿上体保持正直，直膝勾脚高踢。
	三、武术操《英雄少年》 1. 起势； 2. 抻拉运动； 3. 开合运动； 4. 踢腿运动； 5. 侧展运动； 6. 拧转运动； 7. 俯仰运动； 8. 跳跃运动； 9. 收式。	4×8	5分钟	三、组织 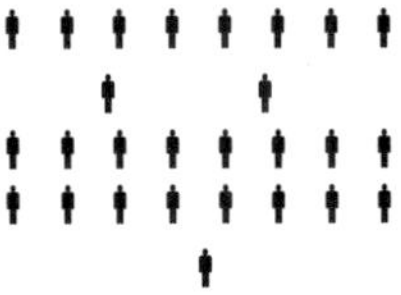 教法：教师和体育骨干领做，学生集体练习。 要求： 1. 动作正确，路线清楚； 2. 上下肢协调配合。

续表

项目	课的内容	次数	时间	组织教法与要求
基本部分 29分钟	一、学习健身拳 1. 复习1~4动作。 重点：冲拳、弹踢、蝶掌动作要领的学习。 难点：协调连贯、劲力顺达、眼随手动。 2. 学习5~8动作。 重点：按摔、架推、头撞和肘撞动作方法。 难点：协调连贯、劲力顺达。	3次	4分钟 20分钟	一、组织：如图所示 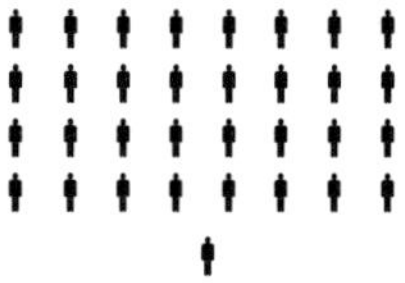 教法： 1. 分组独立完成健身拳1~4动作； 2. 教师评价，强调动作要领； 3. 教师领做，集体练习； 4. 教师完整示范健身拳5~8动作； 5. 采用“拍照”（或动作造型）学习方法，学习健身拳5~8动作； 6. 教师通过实战演示，讲解各动作攻防含义； 7. 在教师的指导下，进行各动作的衔接； 8. 分组在体育骨干的组织下练习健身拳5~8动作； 9. 教师对困难生个别辅导； 10. 教师讲解观察、评价的内容； 11. 小组展示成套动作，教师评价。
	二、“打靶”练习：马步冲拳		5分钟	二、组织 两人一组，一人持靶，一人练习，轮换练习。 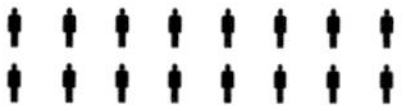 教法： 1. 教师示范、讲解练习方法和要求； 2. 两人一组配合练习，教师提示要领。 要求： 1. 明确练习目的，体会动作要领，配合默契； 2. 注重武德，学会尊重同伴。

续表

<table>
<tr><th>项目</th><th>课的内容</th><th>次数</th><th>时间</th><th>组织教法与要求</th></tr>
<tr><td>基本部分

29分钟</td><td>三、迎面接力跑比赛
方法及规则：
1. 分成四组，迎面站立；
2. 统一右手传接棒，各纵队之间禁止站人；
3. 在起跑线后完成传接棒动作；
4. 在规则允许下，先完成组为胜，输者做5个俯卧撑。</td><td>3次</td><td></td><td>三、组织
分成四组，如图所示。
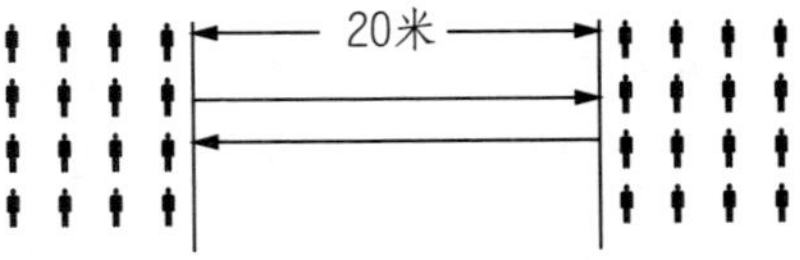

教法：
1. 教师讲解练习方法和要求；
2. 分成四组按要求进行练习。
要求：
1. 自觉遵守比赛规则，注意安全；
2. 积极参与，勇争第一。</td></tr>
<tr><td>结束部分</td><td>一、放松练习

二、小结

三、师生总结，收还器械</td><td></td><td>3分钟</td><td>一、组织
四列横队。
教法：教师带领学生放松。
二、小结
教师总结本节课完成情况。</td></tr>
<tr><td>教具</td><td colspan="4">一块篮球场，接力棒4根，标志筒8个，手靶20个，CD机1台。</td></tr>
<tr><td colspan="4" rowspan="2">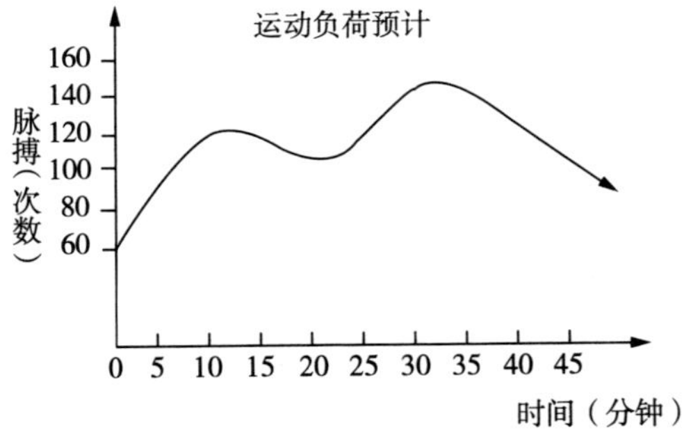
</td><td>安全措施：
1. 做好充分的准备活动；
2. 课前、课中、课后加强对学生的安全提示；
3. 场地布置合理、学生练习有序。</td></tr>
<tr><td>预计练习密度：35%左右。</td></tr>
<tr><td colspan="5">课后小结：</td></tr>
</table>

该教学设计文本形式包含的要素比较全面，而且，还有详细的“武术：健身拳”的单元计划。教学设计内容撰写比较规范，既有较为具体的教材和学情分析，又有比较清晰的教学流程，最为具体和全面的是设计了本节课的课时计划（即教案）。从教案上来看，内容安排合理，目标具体，课的各教学环节的时间分配也很清晰，安全措施的提出也较为明确。可以看出，本节课的教学设计经过了任课教师的精心策划。之所以分析本节课，其主要目的是想通过看课，与教学设计做一对比，从课堂教学中看一看，教学设计有没有需要进一步完善的地方，经过认真准备的课是如何在课堂上体现的，以此来说明课前进行精心设计的必要性。

二、看课比较分析教学设计与课堂教学的对应性

通过课前了解教学设计，我们只能从文本中看出教学设计比较规范，但具体各部分的时间分配是否准确，教法组织是否合理、有效，我们还需要通过看课进一步分析判断，看该课，重点看教学设计与课堂教学的对应性。

（一）看开始部分与设计的对应性

【过程】

李老师在课前开始让学生检查服装，询问是否有见习生。这样做，节省了一定的时间，如表 3-1-1 所示。

表 3-1-1　开始部分各时间段教学安排

起始时间	教学安排	备　注
1 分 34 秒	体育委员整队	课的录制从课正式开始前已经开始
2 分 10 秒	体育委员向老师报告人数	
2 分 50 秒	师生问好	
2 分 55 秒	宣布课的内容	学习健身拳 5~8 动作
2 分 59 秒～3 分 42 秒	提出上课的基本要求	在学习过程中，要体现武术的精神——习武首先要习德。德主要体现在以下几个方面：①自觉地遵守课堂常规；②尊重老师；③同伴之间互相尊重；④关心爱护同学。

【分析】

开始部分用时 2 分 8 秒，与教学设计中的安排（3 分钟）相比，有 52 秒之差。该部分的时间把握基本上说是准确的。

开始部分内容：严格按照教学设计中开始部分课的内容安排，完成了课堂常规和宣布本课任务与要求的所有内容，说明该部分的课堂与教学具有较高的一致性。

【启示】

开始部分时间安排基本准确，因为在体育委员整队前，老师安排了检查服装和安排见习生的内容，大约用时 35 秒。既使课堂上没有安排见习生，教学设计依然可以写出来，如该教学设计上写着“安排见习生，见习生随队听课，协助教师工作”。

（二）看准备部分与设计的对应性

【过程】

准备部分主要安排了三项内容：队列练习、柔韧练习、武术操，教学设计文本中各部分安排的时间分别是 2 分钟、3 分钟和 5 分钟，总时间是 10 分钟。课堂教学时间是否如此呢？看课记录的结果如表 3-1-2 所示。

表 3-1-2　准备部分各时间段实际教学安排

起始时间	教学安排	备　注
3 分 43 秒	队列练习	要求：排面整齐，精神饱满 要求：摆臂轻盈，动作自然
9 分 45 秒	柔韧练习	共 4 节柔韧练习操，每节 4×8 拍
14 分 19 秒	武术操《英雄少年》	共 9 节武术操，每节 4×8 拍
21 分 3 秒~21 分 58 秒	调整练习	调整呼吸、放松活动

【分析】

准备部分用时：通过该研究课发现，队列练习所用毛时间是 6 分 2 秒；柔韧练习所用毛时间是 4 分 34 秒；武术操所用毛时间为 6 分 44 秒；调整性练习用时 55 秒，统计结果显示，准备部分在课堂上的时间总共是 18 分 15 秒。

从时间的对应性上看，准备部分的设计时间与课堂用时相比相差 8 分 15 秒。为什么会出现准备活动时间设计与课堂教学差距 8 分多钟的现象呢？我们通过进一步分析发现，并队、列队走和跑的时间，设计中安排的是 2 分钟，实际用时达 6 分 2 秒；柔韧练习，设计 3 分钟，但是，实际用的毛时间是 4 分 34 秒；武术操的毛时间与设计的时间相比，超了 1 分 44 秒。总之，时间上出现了不对应现象。

准备活动内容：该部分除了按照教学设计的内容安排以外，在看课过程中我们发现，准备部分的最后，多安排了 55 秒的短暂放松活动，但教案中未显示，或许是任课教师根据教学的需要，临时决定做的调整性练习。

【启示】

准备部分内容，除了增加的临时调整性活动以外，设计与教学基本上是对应的。从增加的这项活动可以看出，在看课时，看课者并没有感觉到这项临时调整性活动多余。当学生在准备活动中负荷稍高的时候，有必要安排呼吸或肌肉、关节的调整，也就是说，课堂教学可以根据需要做适当的调整，或许会更加有利于学生基本部分的学习。

但是，从准备部分各项内容的时间分配和总时间的把握来看，超时现象比较明显，其中并队、列队走和跑超时达 4 分 2 秒，也就是说，是设计的 2 倍。柔韧练习也超了 1 分 34 秒，武术操超时 1 分 44 秒，另外，多出了 55 秒的附加活动。因此，从时间上给我们的重要启示是准备部分需要准确把握，尤其是时间上。准备部分多出的 8 分多钟，主要是调整队形、讲解方法、调整练习以及还有两次取送音响设备的时间。

这样的情况出现以后，一方面，需要查找原因，了解时间安排上出了哪些问题；另一方面，寻找解决办法，如柔韧练习可否减少到两个八拍，音响设备可否放得更近一些，中间的讲述可否再精练一些，等等。另外，我们在设计规划准备部分的时间时，需要对各项内容净用时和毛用时有一个估算，一般情况下，该部分的时间，应该用毛时间来设计，否则的话，很容易出现超时的情况。

（三）看基本部分与设计的对应性

【过程】

该研究课基本部分设计的时间是29分钟，其中有三项内容：一是学习健身拳，复习1~4动作，时间分配为4分钟，学习5~8动作，时间分配为20分钟；二是“打靶”练习：马步冲拳；三是迎面接力跑比赛，两者共分配5分钟。看课中记录的基本部分时间分配，如表3–1–3所示。

表3–1–3　基本部分各时间段实际教学安排

起始时间	教学安排	备　注
21分59秒	学习健身拳	主教材复习与学习
	1. 复习1~4动作	教师巡回指导
	2. 学习5~8动作	教师讲解一节后，带着学生做一节，学生模仿着做，共5~8节； 教师领做，学生跟着模仿，教师提示动作方法； 组长带领分组练习，教师巡回指导； 集合； 小组展示1~8动作，轮流展示； 1~8动作集体完整动作练习
46分36秒~48分56秒	“打靶”练习：马步冲拳	基本功练习
48分57秒~49分23秒	结束部分	简单小结

【分析】

基本部分用时：课堂教学基本部分的时间分布，第一部分内容“学习健身拳”总共用时24分36秒，其中复习1~4的动作用时6分3秒；学习5~8的动作用时18分31秒。第二部分内容“‘打靶’练习：马步冲拳”用时2分20秒；第三部分“迎面接力跑比赛”未能组织。从实际课堂上的时间分配来看，复习 1~4 的动作的时间与设计的时间相比超了 2 分 3 秒；学习 5~8 的动作的时间与设计时间相比差 1 分 29 秒；“打靶”练习和迎面接力的时间与设计时间相比差 2 分 40 秒。总的来看，基本部分课堂教学时间是 26 分 57 秒，与设计的 29 分相比，差 2 分 3 秒，也就是说，基本部分未能达到设计的时间。

基本部分内容：课堂教学基本部分内容完成了两大项，其中一项完成了主教材的“学习健身拳”的重要内容，另一项是完成了“‘打靶’练习：马步冲拳”。由于时间关系，第三项“迎面接力跑比赛”未能得到落实。另外，从教法上，实际教学中也做了适当的调整，在第三步教师领做，增加了“教师口令学生集体自主练习”，教师仅做动作名称提示。未完成第四步“教师完整示范健身拳 5~8 的动作”和第六步“教师通过实战演示，讲解各动作攻防含义”。而是在此环节增加了以下内容：① 教师一节一节地讲解领做 5~8 的动作；② 教师领做 5~8 的动作一遍；③ 教师领做，提示动作名称，学生集体模仿老师完成 5~8 的动作。

【启示】

从时间上看，基本部分内容的安排出入较大，最后一项“迎面接力跑比赛”未能完成。实际上，基本部分的时间未能达到预计的时间 29 分，而是相差 2 分 3 秒的时间。如果能从准备部分中挤出 2 分多钟的时间，也可以完成最后一项的教学。

教学设计与实际课堂的对应性需要引起我们的高度重视。该研究课为我们提供了一个很好的研究视角，就是如何科学合理分配时间，如何充分利用课堂时间。该课到最后显得仓促的主要原因，是由于没有很好地把控课堂时间问题。由于准备部分占用时间过长，一节课的总时间是有限的 45 分钟，一个环节的超时，必然会影响其他教学环节的时间不够充足。本节课的组织告诉我们，教学设计的时间尽管比较合理，但是，并不代表所有的课堂教学都能严格按照设计的时间如期完成教学任务，假如开始部分、准备部分、结束部分相差不到 1 分钟，基本部分相差不到 2 分钟，这是可以考虑的，因为我们的教案毕竟在时间的设计上仅仅是一种预计。但是，假如某一个部分时间超时或差时过多，就需要查找原因，分析为什么会出现超时或差时现象，从哪里把时间调整过来，等等。

除此之外，通过对该课的研究，我们还明白这样一个道理：教学设计中的时间分配应该引起我们的高度重视，我们的设计要尽量准确；组织教学应该确保每一个环节非常紧凑，力争不浪费时间，否则就很难确保时间的有效利用。

（四）看结束部分与设计的对应性

【过程】

教学设计结束部分安排了 3 分钟时间，其中包括：一是放松活动，二是小结，三是收还器材。课堂观察发现，结束部分只剩余 26 秒的时间，完成了小结、收还器材等内容。

【分析】

结束部分用时：从看课的情况来看，结束部分总用时 26 秒，与设计的时间 3 分钟相比，相差 2 分 34 秒。从时间的分配上看，教学设计比较合理，但是，由于准备部分超时比较多，基本部分未能如期完成设计内容，结束部分时间就显得有些紧张。

结束部分内容：教学设计在结束部分安排的三项内容中，放松活动在课堂上未能得到落实，其主要原因在于时间把握上有出入，导致结束部分内容未能完成。

【启示】

从时间上看，结束部分的课堂教学与设计相比出入较大。这一现象并非该课才有，我们平日在看课时，有时会经常看到，结束部分未安排放松活动或放松活动时间比较仓促，使学生很难达到有效放松的目的。有时，并非任课教师在设计时没有想到，而是在课的某一个环节由于时间的控制出现了偏差，未能严格按照设计中规划的时间开展教学活动，有时是因为教学的需要临时调整了某一部分的练习形式。但无论是什么原因，因时间分配上出现异常，将会影响整个课的完整性，甚至有时还会影响到教学效果。

这一现象告诉我们，无论是常态课还是观摩课，都应引起我们对时间分配上的高度重视，每一个教学环节的时间把握要准确。这样，不但教学设计显得合理，而且课堂教学活动也能够顺利开展。但有些一线教师，往往在教学设计环节忽略对时间的高度重视，甚至出现对时间分配的随意性，如有的教案上各部分的时间之和，与各教学环节细分的时间之和不一致的现象。另外，由于体育课程的特殊性，每节课在结束部分安排适当的放松活动十分必要。因此，教师应该把握好课堂节奏，提前为放松活动预留一定的时间，带领学生完成放松，在确保体育课堂完整教学的基础上，不断提高教学质量。

第二章 常态课：看教法学法——“肩肘倒立”

体育课上最重要的就是教法、学法，有什么样的教法、学法，就会有与之对应的教学效果，因此，我们通过看课了解课堂教学的教法、学法极为重要。那么，该如何看课了解到教法、学法？从中学习哪些有价值的经验呢？下面以北京市育民小学何雪老师的“肩肘倒立”课为例，展开讨论。

一、看课前通过教案了解教法学法

作为一节常态课，“肩肘倒立”是北京市西城区育民小学何雪老师精心设计的一节小学五年级的体育课，该课的教案如下表所示。

“肩肘倒立”教案

班级：五年级四班　　人数：30 人　　任课教师：何雪

教学内容：技巧：肩肘倒立；游戏：拔横绳。

教学目标：认知目标：初步尝试肩肘倒立的动作，了解屈肘撑腰和肩成三角之势的支撑方法。
技能目标：初步掌握两臂屈肘内收撑腰与肩支撑成倒立的动作方法，发展平衡能力。
情感目标：培养学生沉着、果断和勇于克服困难的品质。

项目	教学内容	时间	次数	学生学习方法	教师指导方法	组织与要求
开始部分	一、上课式 1. 队长整队； 2. 师生相互问好； 3. 宣布本课内容； 4. 提出本课要求。	4分钟			宣布本课内容，提出本课要求。	精神饱满，注意力集中。
	二、队列练习 1. 原地转法练习； 2. 向后转走 。			节奏明显、动作规范。	有后转口令和无后转口令指导。	积极参与，练习认真。

续表

项目	教学内容	时间	次数	学生学习方法	教师指导方法	组织与要求
准备部分	一、徒手操 1. 头部运动； 2. 肩部运动； 3. 体转运动； 4. 腹背运动； 5. 下蹲运动； 6. 弓箭步压腿； 7. 提踵练习； 8. 肘内收练习。 二、“课课练” 耐久跑。	8分钟	1	1. 跟随教师按照口令练习； 2. 节奏感强，动作力度适当。 两人一组互助练习。 按照耐久跑的能力依次排队，由慢到快逐渐加速练习。	带领学生完成练习。 与学生配合完成示范。 观察并及时提示练习中的问题。	认真练习，活动充分。 撑腰动作正确；双肘夹紧内收；前后距离适当；努力克服极点。
基本部分	一、技巧 肩肘倒立。 教材要点： 展髋伸腿向上，两臂屈肘撑腰和肩呈三角支撑，保持平衡。 保护帮助方法： 保护者位于练习者侧后方，在其后倒举腿时，握住两腿顺势上提。必要时可用小腿顶住练习者的腰部，助其展髋。	18分钟	2	1. 跟随口令做挺身练习； 2. 专注倾听讲解，并认真观察示范； 3. 听口令统一练习； 4. 专注倾听讲解，并认真观察示范； 5. 听口令统一练习； 6. 专注倾听讲解，并认真观察示范； 7. 听口令统一练习； 8. 专注倾听讲解，并认真观察示范； 9. 两人一组结合练习，尝试保护帮助方法； 10. 通过练、看、听的结合并根据自己实际情况做肩肘倒立练习。	1. 讲解并示范直腿坐撑→挺身支撑动作； 2. 讲解并示范仰卧举腿至头后，脚尖触地； 3. 观察学生动作，并及时给予提示； 4. 讲解并示范仰卧举腿后两手撑腰； 5. 观察学生动作，并及时给予提示、帮助； 6. 讲解并示范屈腿肩肘倒立； 7. 巡视并进行指导； 8. 讲解保护帮助方法并与学生配合完成示范； 9. 巡视并进行指导； 10. 鼓励学生独自完成肩肘倒立。	腹部挺起。 立腰直臂两手压垫。 撑腰动作正确，双肘夹紧内收。 想好要点再练习。 相互配合，积极参与，不盲目练习，注意安全。

续表

<table>
<tr><th>项目</th><th>教学内容</th><th>时间</th><th>次数</th><th>学生学习方法</th><th>教师指导方法</th><th>组织与要求</th></tr>
<tr><td>基本部分</td><td>二、游戏
拔横绳。</td><td>7分钟</td><td>1～2</td><td>1. 倾听方法和规则，并与教师产生互动；
2. 以小组为单位练习；
3. 学生分大组练习。</td><td>1. 讲解游戏方法及规则，并对学生进行规则教育；
2. 关注游戏全过程；
3. 参与评价。</td><td>遵守规则注意安全。
肯定成绩，尊重他人。</td></tr>
<tr><td>结束部分</td><td>一、放松练习
吹泡泡。
二、总结
三、收器材
四、下课</td><td>3分钟</td><td></td><td>1. 随着老师的叙述，“小泡泡”们飘舞放松；
2. 师生互动，学生相互评价学习情况；
3. 按值日表收还器材。</td><td>1. 运用生动的语言描述创设“泡泡”在空中轻盈飘舞的意境，引导学生放松身心；
2. 教师总结本课情况；
3. 提示学生码放整齐。</td><td>指定范围内练习。
诚恳虚心。</td></tr>
<tr><td>教具</td><td colspan="2">海绵垫33块（2块备用），长跳绳4根。</td><td>场地设计</td><td colspan="2"></td><td>密度预计为30%～35%。</td></tr>
<tr><td>安全措施</td><td colspan="6">1. 课前检查体操垫、长跳绳（4根合一粘捆牢固）。
2. 学生清空衣兜上课，并提示学生穿长裤。
3. 练习认真，做到令行禁止。
4. 随时提示，强化安全意识。</td></tr>
<tr><td>练习队形</td><td colspan="6">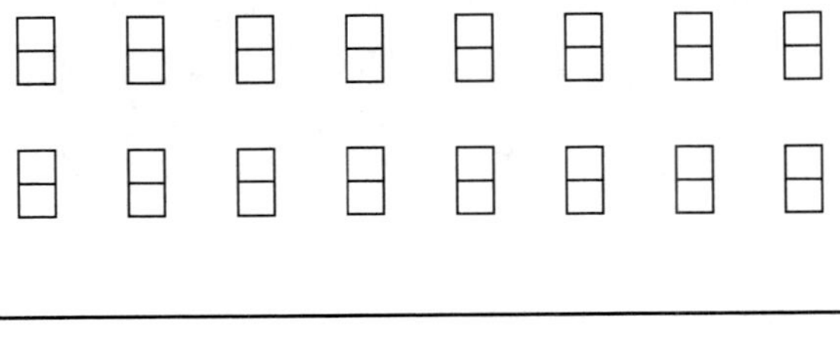</td></tr>
</table>

续表

项目	教学内容	时间	次数	学生学习方法	教师指导方法	组织与要求
课后反思	肩肘倒立是《体育与健康》水平二中的教学内容，本课时的教学目标是：学习肩肘倒立的技术动作，发展学生的腰腹肌力量、灵活、协调等素质及平衡定向能力，提高学生自我锻炼能力，培养学生的创新意识及互帮互学的良好习惯以及沉着、果断和勇于克服困难的好品质。 为了更好地体现“教会学生学习方法”的新课程理念，这节课无论从教学组织形式，还是整个教学活动的实施过程，都体现以学生的发展为本，注重学生学法和实践能力的培养。 充分发挥教师引导的作用，从动作到形态，从动作步骤到方法练习的形式，不仅锻炼了身体，还有助于学生积极思维、动脑学习的养成。 从课堂效果看，每一名学生都积极投入，表现出主动、认真的学习态度。虽然是初学，但全班除体重过大的学生需要借助保护帮助完成动作外，其余学生都能够独立完成。刘懿伟还给了我和全班同学一个惊喜，他完成的动作质量非常高，听课老师都不禁为他鼓起掌来，优美的动作确实让大家振奋。在这种气氛的感染下，学生们都摩拳擦掌，跃跃欲试。学习氛围非常浓厚。					

二、看课中通过课堂分析教法学法

“肩肘倒立”是一节常态课，笔者亲自到现场看了该课，感触很深，下面重点从教师的教法和学生的学法方面谈一谈体育课堂看课的时候，如何把握教法、学法的特点与亮点。

（一）教师的教法

“肩肘倒立”这节课，任课教师所采用的教法主要从以下几个方面进行归纳。

1. 有效具体的安全防范法

课开始之前，老师检查了学生的服装、眼镜以及身上所佩戴的饰物等，凡是在学习肩肘倒立时有可能发生伤害事故的东西都被老师收集起来，暂时存放在操场上的某一位置，如图 3-2-1、图 3-2-2 所示。

图 3-2-1　老师在做课前安全检查

从课前对学生的安全检查可以看出，老师不但对安全防范工作十分重视，而且还给我们带来一定的启发，体育课上的安全防范一定要既有想法，又有做法，不能只是在教案上写上“检查服装”，还要具体落实到行动上，只有安全防范措施具体，才能做到有效的防范。

图 3-2-2　老师在放眼镜等危险物品

又如，老师示范完肩肘倒立动作后，在让学生练习之前，老师说：“倒立结束屈膝放下的时候，一定要注意控制，这样不至于碰到你的脸。”这样的安全提示，学生很容易明白该如何做，从而有效防范事件。

2. 灵活多样的课堂评价法

该课给我们的另一个明显的印象就是，授课教师对评价方式的把握较为灵活，其灵活性主要体现在评价时机的把握，随时随处出现需要评价的，就会十分自然地通过口头语言的方式穿插评价环节。在评价方式的选择上，主要采用的是表扬激励的形式。如学生在准备活动围着操场慢跑的时候，一方面，老师提示学生们应该如何调整呼吸、脚如何落地、臂如何摆等；另一方面，老师不停地采用口头的形式表扬表现比较好的学生，如“某某同学的摆臂非常漂亮”等，如图 3-2-3 所示。

图 3-2-3　跑步中提示方法

学生在练习过程中一旦听到老师的表扬，一般情况下都能提高练习的积极性，表现得更好。

又如，当老师做完肩肘倒立的完整示范后，让学生体验动作，这时发现其中有一名学生已经能够做出比较标准的肩肘倒立，老师走到他跟前说：“李伟同学真的很棒!”听了这样的表扬，这名学生倒立动作更标准了。然后，又让这位动作比较标准的、掌握动作比较快的学生给大家做一次示范，让全班同学都向他学习。老师说:“李伟是咱们班第一个做起来的，下面让他给大家做一下看看。”当李伟把动作稳稳地做起来后，老师带头和同学们一起给李伟鼓起了掌，并说“非常好”以表示鼓励。这种展示方式实际上也起到了及时评价的作用，不但能够激励展示者更加积极地练习，而且能够激励其他同学向榜样学习，提高练习的积极性。然后，老师又找了一个动作完成不太标准的学生做了一遍，给学生们讲了他存在的问题后，老师接着告诉学生们如何帮助这位学生完成动作，巧妙地把保护与帮助的方法介绍给大家。这种既有对比展示和评价的作用，同时也讲明了如何保护与帮助，达到了一箭双雕的效果。

3. 课堂练习及时提示法

学生在练习过程中，如果教师能够给予及时的提示，就能够让学生更加明确练习的方法，提高练习的有效性。本节课，学生在跑步过程中，老师不断地提示学生“体会摆臂对加快速度的作用”等。这样，学生就能在加大摆臂的同时，有意去体验加速跑动与摆臂加大幅度之间的关系。学生在跑步过程中，如果教师不提示任何语言，或仅仅提示说“跑步过程中一定要注意摆臂”，或“加快速度，加大摆臂”等，都难以让学生主动去体验练习的效果。另外，在该课跑步结束后，老师让学生围着操场放松调整呼吸自然摆臂走一圈，并提示“自然摆臂，调整呼吸，均匀呼吸”等，学生随着老师的有效提示，达到了调整的目的。让两人一组进行夹肘练习的时候，老师说“顺势稍稍用力”，等于让学生明白，不要用蛮力。实际上，还体现出了一种安全防范，假如用力过猛，或许会引起拉伤现象。老师让学生做肩肘倒立辅助练习、体会手按压垫子的动作时，提示大家“两只手一定要按压垫子，不要用手拽垫子”。由于学生对按压和拽两种动作方法有着明确的区分，因此，就不至于在练习过程中把“按压”当作“拽”来做。这种及时的提示，能够很快让学生掌握动作方法。

4. 观察示范明确指导法

一般情况下，在做示范动作的时候，并非所有的教师都告诉学生如何观察，而是说：“同学们，下面我给大家做一示范，希望大家认真观察。”究竟该如何观察，实际上并没有说清楚。学生听了这样的语言，往往依然不会观察。但是，该节课老师在给学生做屈腿肩肘倒立示范前，却给学生交代得非常清楚：“请同学们注意观察：第一，我压垫了没有？第二，手指尖是向哪个方向的？第三，在还原的时候，我做的是什么动作？看完以后我要提问。”这一番话说明了老师告诉学生该如何观察，不但要带着问题去观察，而且还要认真观察，观察以后要提问。因此，这一环节就足以证明教师会教，如图 3-2-4、图 3-2-5 所示。

图 3-2-4　老师讲解如何观察示范

图 3-2-5　老师做屈腿肩肘倒立示范

在老师有效的学法指导下，学生们很快掌握了屈腿肩肘倒立的动作方法，如图 3-2-6、图 3-2-7 所示。

图 3-2-6　学生自主练习屈腿肩肘倒立

图 3-2-7　老师观察指导学生练习

有效指导法的应用告诉我们，无论是讲解、示范，还是学生做练习，教师一定要对学生进行学法的指导，告诉学生如何听讲、如何观察、如何练习等，只有这样才能提高教学的有效性。如教师讲解什么是肩肘倒立时说：“肩肘倒立，就是用你的肩和肘支撑住你的身体，呈倒立姿势。”学生一听就明白了肩肘倒立的含义。

5. **学生练习准确观察法**

在教法中，实际上有一种容易被大家忽视的方法就是观察法。一提到观察，大多数教师都会想到学生在课堂上的观察行为，实际上教师在教学中认真有效地观察学生的学习情况也十分重要，因为只有通过准确的观察才能及时发现学生在学习过程中存在的问题，假如又能给予及时的纠正，学生的错误动作就能很快地改正过来。该节课，在学生练习环节，教师做到了认真而准确地观察，如当学生做肩肘倒立辅助性练习时，发现一名学生的手扶腰的动作方向反了，老师及时发现并上前做了纠正，如图 3-2-8 所示。

当老师讲解完帮助方法以后，学生两两之间体验如何帮助，老师通过巡回指导，及时发现了有的学生未掌握帮助方法，站在了做动作学生的前面，很难起到帮助的作用。于是，老师就走上前对其进行了纠正，如图 3-2-9 所示。

图 3-2-8　教师纠正学生的动作

图 3-2-9　教师纠正学生错误的帮助方法

（二）学生的学法

在这节课上，我们可以从中看出，有多种学法包含其中，也给我们带来了一定的启发。

1. 多种形式的合作学习

合作学习是新课改倡导的新的学习方式，在这节课上，运用了多种形式的合作学习，如在准备部分，首先老师让前后两名学生一组进行夹肘练习，一人做动作，另一人轻轻扶住其肘部，顺势稍稍给力，加大练习难度，提高练习质量及效果，如图 3–2–10、图 3–2–11 所示。

图 3–2–10　教师示范合作夹肘方法

图 3–2–11　两人一组合作夹肘练习

同学之间的再次合作是出现在两名学生共同完成动作上，其中一名学生做动作，另一名学生帮助，如图 3–2–12、图 3–2–13 所示。

图 3–2–12　教师示范帮助方法

图 3–2–13　学生合作完成动作

图 3-2-12 所示的是老师站在学生身后做帮助方法的讲解，但由于未能强化帮助者应站的位置，因此，从图 3-2-13 中我们看到，学生在合作学习的时候，帮助者有站错位置的现象发生。该现象告诉我们，无论是哪个环节，都需要明确的学法指导；否则，学生就很容易忽略细节，有时细节也是关键环节。相反，那些认真观察的学生，在进行合作学习的时候，很快掌握了帮助的方法，两人之间配合很好。

2. **多次机会的自主学习**

当老师做完示范或纠正完错误动作，甚至是学生展示之后，老师都会安排学生自主练习，而且，这样的练习在体育课上出现的次数最多。如当老师示范完仰卧顶髋动作以后，让学生按要求自主练习，如图 3-2-14 所示。当老师让一名学生展示之后，又安排学生每人 2 分钟的自主练习，如图 3-2-15 所示。

图 3-2-14　自主练习顶髋动作

图 3-2-15　自主练习肩肘倒立

从图 3-2-14 所示的练习情况可以看出，通过自主练习，学生很容易掌握比较简单的动作。而较为复杂的动作的自主练习，根据学生的身体状况、素质基础和技能基础不同，完成自主练习的效果有所不同。如图 3-2-15 所示的自主练习的结果表明，小胖墩儿的自主练习，独立完成肩肘倒立动作就比较困难，而有的同学已经能够在没有帮助的情况下独立完成完整的肩肘倒立。因此，老师通过安排学生自主练习，可以及时了解学生的差异性，并为区别对待教学提供重要参考。另外，老师让学生进行自主练习的时候，有偷懒习惯的学生，很容易在老师观察不到的时候停止练习。因此，需要把握好自主练习中的观察，及时发现并提醒学生坚持练习。

3. 拔横绳游戏竞赛法

本节课在基本部分快要结束的时候安排了一个游戏——拔横绳，并通过竞赛的方式锻炼同学间的团结、合作精神，以及力量素质的锻炼。这种竞赛方法显得新颖有趣，既体现了一物多用，又起到了锻炼综合能力的价值，如图 3-2-16、图 3-2-17 所示。

图 3-2-16　男生拔横绳比赛

图 3-2-17　女生拔横绳比赛

对于小学生而言，除了比较爱动，而且还具有喜欢竞争的特点，因此，组织游戏比赛更能充分调动学生的兴趣。同时，学生们也得到了快乐的情感体验，如图 3-2-18、图 3-2-19 所示。

图 3-2-18　积极参与游戏竞赛

图 3-2-19　快乐的啦啦队队员

第三章　评优课：听教学语言
——“软式垒球：击定位球”

看课重点在看，但也离不开听，因为教学语言主要是通过听觉器官完成的，而且，一节课上师生都说了什么，哪些是必须要说的，哪些是可说可不说的，哪些是一定不要说的，通过看课听教学语言可以对其有一个较为明确的判断。下面以一节河北省实验中学（石家庄第二中学）郄颖哲老师上的高中一年级的“软式垒球：击定位球”课为例，讨论一下教学语言。

一、看课前通过教案了解教学过程

郄颖哲老师的软式垒球教学，是软式垒球单元的 18 课时中的第 4 课时，教学设计如下。

“软式垒球：击定位球”教学设计

【教材分析】

软式垒球是我校新开展起来的特色体育项目，因为其集跑、跳、投、打于一体，相较于其他投掷项目，此项目不仅能够锻炼学生的身体素质，还能培养学生的团队协作精神，提高学生的反应能力，是一项有利于学生强健体魄、锻炼意志、培养团队精神的项目。因其趣味性强，并有一定的竞争性，所以深受学生喜爱。

【学情分析】

本课教学对象为高中一年级学生，共40人（男女生各20人）。选修课第4课时，经过三节课的学习，学生有了一定的传接球及基本的防守技术基础，对于简单的防守封杀及跑垒和内外场防守分布能够认识清楚。针对这些基本情况，本课结合新课标，采用启发、创新、竞赛等教学手段，激发学生的学习兴趣，让学生在享受运动乐趣的同时学习运动技术。本课注重培养学生终身体育思想，并在此基础上实现身、心、社会适应三维健康的目标。

【教学目标】

本次课通过学习软式垒球挥棒击球的技术动作，实现以下教学目标。

（1）了解软式垒球运动的精神内涵并喜爱这项运动；

（2）使90%的学生正确掌握挥棒击球的技术动作，80%的学生能够在T座击球练习中准确地击中球，发展学生的力量、灵敏、协调等基本素质；

（3）通过游戏和比赛，培养学生热爱集体、积极进取、团结协作的团队精神。

【过程与方法】

1. 提问与讨论探究相结合发挥学生的主体作用。
2. 讲解与示范、正误对比相结合，理论指导实践。
3. 通过软式垒球游戏引导学生，由兴趣引起思考和学习。

【重点、难点】

重点：眼睛盯球，击球动作准确流畅，击球重心的移动。

难点：击球准确性。

【场地器材】

体操软垫16块，软式垒球40个，棒球40个，T座8个，足球场。

【教案】

授课教师：郄颖哲　　授课年级：高中一年级　　人数：40 人

项目	教学内容	教师指导	学生活动	组织要求 达成目标	运动负荷		
					时间	次数	强度
开始部分	课堂常规： 体委整队报告人数； 师生问好； 教师宣布本课内容； 说明软式垒球和棒垒球的区别。	宣布本节课学习内容和目标，调动学生的学习兴趣。	认真聆听学习任务，了解学习要求。	组织： ♀♀♀♀♀♀♀♀ ♀♀♀♀♀♀♀♀ ♀♀♀♀♀♀♀♀ △♀♀♀♀♀♀♀♀ ▲ 要求：队伍整齐、精神饱满。	1分30秒		
准备部分	1. 绕垒跑。 2. 静态棒操：（右手持棒） 颈后屈伸； 全身伸展； 体侧拉伸； 体前屈伸展； 体转拉伸； 体后拉伸； 两臂后平举体前屈； 大腿前、后、侧拉伸； 压肩；压肘； 活动腕关节。	1. 带领学生进行慢跑热身、了解软式垒球场地。 2. 与学生一起做热身操，做操中提示学生动作有力规范。	1. 在老师组织下进行有秩序的热身活动。 2. 动作舒展规范。	组织：两列纵队慢跑。 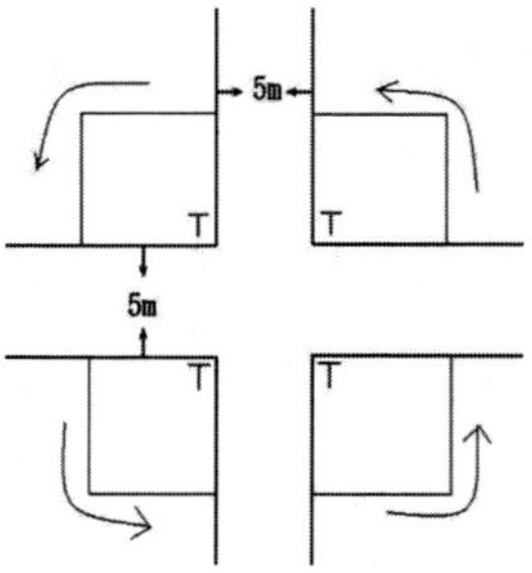 垒间距 20m 要求：口号响亮，集中注意力；熟悉棒垒球场地及垒包位置。 组织：体操队形。 要求：充分活动颈、背、肩、腰、髋、肘、腕及韧带。	10分30秒	1×10	

续表

项目	教学内容	教师指导	学生活动	组织要求 达成目标	运动负荷		
					时间	次数	强度
基本部分	1. 挥棒击球分解动作。 ①握棒： 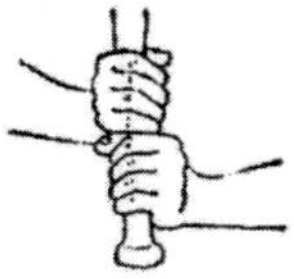 要点：两手并拢，勿紧；手指第二关节一线。	1. 讲解示范。 2. 引导学生，观察动作。	1. 观察老师示范动作。 2. 找到握棒的正确方法，体会握棒的感觉。	组织：体操队形，每人一棒，熟悉球棒。 ♀♀♀♀♀♀♀♀ △♀♀♀♀♀♀♀♀ ♀♀♀♀♀♀♀♀ ♀♀♀♀♀♀♀♀ ▲	30秒		
	②准备姿势： 	3. 讲解示范（正面、侧面、背面）；练习挥棒；教师巡回指导。	3. 练习挥棒动作，要达到一边做动作一边口述动作。	握棒“并拢”；持棒“轻”；两肩“松”。 要求：手、膝、脚三点一线。	2分30秒		
	③引棒： 	4. 指导学生进行挥棒练习。	4. 感受在挥棒练习时身体的变化。	要求：重心稍稍后移，置于支撑腿（右腿）大腿内侧；上肢稍向后引即可。	1分		
	④伸踏挥击： 	5. 提示学生注意动作要点。	5. 体会挥棒动作的用力方向和顺序。	要求：两肩放松，两腿屈膝，重心位于两脚中间，盯住前方。	2分		

续表

项目	教学内容	教师指导	学生活动	组织要求 达成目标	运动负荷		
					时间	次数	强度
	 			要求：“紧和稳”；体会重心移动和平稳转体。			
基本部分	2. 挥棒击球连贯动作。	6. 引导学生练习。 7. 巡回指导，帮助学生练习。	6. 互相观察同伴动作。 7. 找出动作要点，敢于展示动作。	要求：前导脚贴地滑步伸踏，伸踏距离以重心上下没有起伏为宜；转髋转体，用身体的旋转带动手臂挥棒击球。	2分	5~7次	
	3. T座击球练习。 ①5人一组击球练习： 1人击球，1人放球，3人防守。	8. 发现错误动作并有针对性讲解。	8. 练习击球。	组织：5人一组，分为8组，每组间隔5米。防守人不得靠近T座5米以内。	8分	6~9次	

续表

项目	教学内容	教师指导	学生活动	组织要求 达成目标	运动负荷		
					时间	次数	强度
基本部分	要点：侧身对准击球方向，伸踏脚脚尖垂直对准 T 座，盯球。			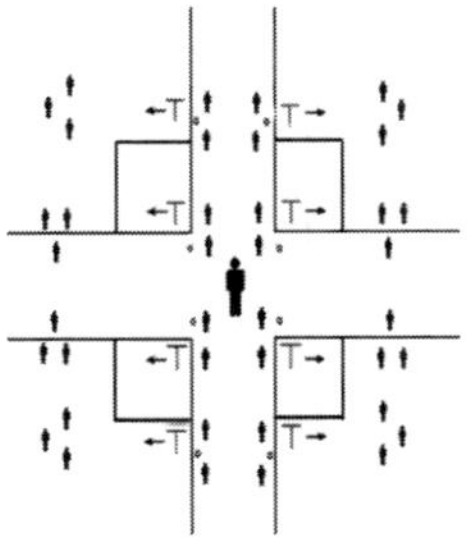			
	②10 人一组击球练习： 1 人击球，1 人放球，8 人防守。	9. 引导学生找到动作关键、并展示动作特点。 10. 及时评价，组织学生练习击球，提示学生注意安全与纪律。	9. 团队分组合作。 10. 注意互相提示击球、防守。	要求：轻击，做出完整、流畅的动作。 组织：10 人一组，分为 4 组，每组间隔 5 米。防守人不得靠近 T 座 5 米以内。 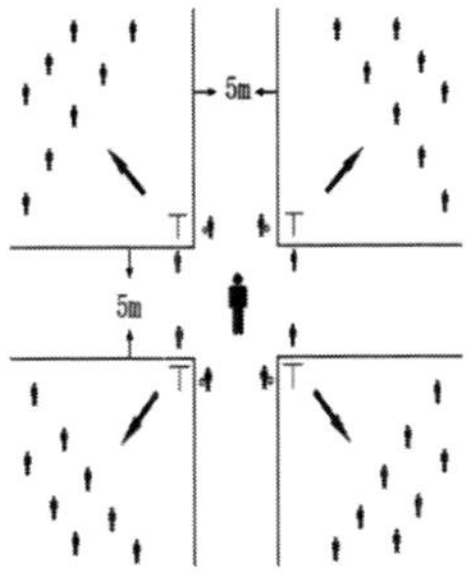	5分30秒	2~3次	
	3. 模拟比赛： 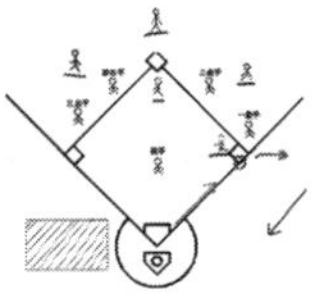 两块场地同时进行，10 对 10 模拟比赛，抢占一垒。	11. 进行模拟比赛的讲解与演示，组织学生进行比赛。	11. 分组比赛。遵守比赛规则，发挥团队优势。	教法：讲解示范；练习挥棒击球；教师巡回指导。 要求：一人击球，一人放球，8 人防守。每人击中球后迅速跑向场内防守换人，每次击球后防守队员逆时针跑步换位。跑步上下场，击球时，喊号示意，不扔棒。 要求：比赛礼仪，跑步上下场，击球后迅速跑向一垒。	6分		

续表

<table>
<tr><th rowspan="2">项目</th><th rowspan="2">教学内容</th><th rowspan="2">教师指导</th><th rowspan="2">学生活动</th><th rowspan="2">组织要求
达成目标</th><th colspan="3">运动负荷</th></tr>
<tr><th>时间</th><th>次数</th><th>强度</th></tr>
<tr><td>结束部分</td><td>1. 在教师带领下学生做放松动作。
感知意念、抖动拍打放松。

2. 学生自我评价。
3. 教师对本课进行小结，布置回收器材。</td><td>带领学生放松。

总结、评价。</td><td>在老师带领下意念放松，抖动四肢，达到身心恢复。

评价自己本次课学习情况并能互相评价，帮助回收器材。</td><td>组织：学生放松走成圆形。
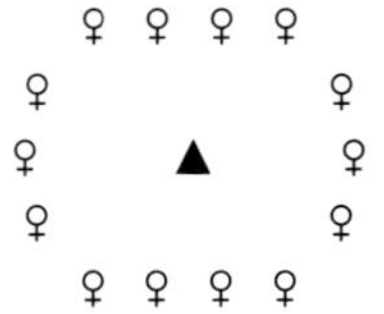
教法：语言导入，创设情境。</td><td>6分30秒</td><td></td><td></td></tr>
<tr><td>预计效果</td><td colspan="2">练习密度：35%～40%。</td><td>预计生理负荷</td><td colspan="4">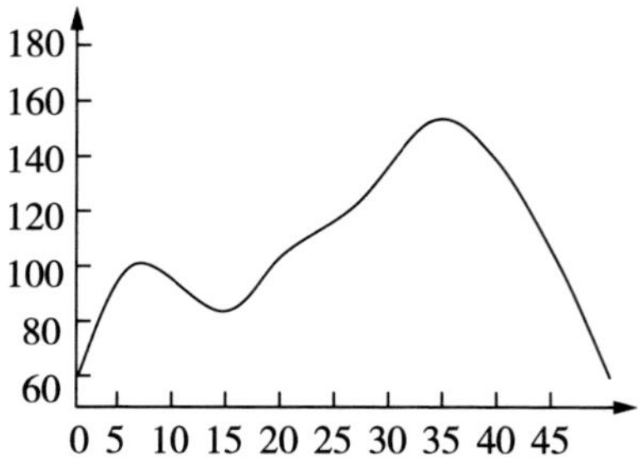</td></tr>
<tr><td>学生自我评价</td><td colspan="7">附表 1</td></tr>
<tr><td>课后反思</td><td colspan="7">新颖的教学内容，特殊的技术动作，能很快地激发学生的学习兴趣。新颖的教学内容，如果没有科学的教学手段是不能持久发展下去的。因此，对于高中一年级学生学习挥棒击球的技术动作，本课利用分解教学、自主探究等教学手段以及比赛的游戏化，使学生能够很好地学习。根据课后的学生自评，我们可以清楚地知道，学生学习的具体情况是否达到了预期的教学目标，这为以后的教学提供参考。</td></tr>
</table>

附表 1

“软式垒球：击定位球”学习记录

姓名：	年　月　日
1. 能说出击球动作的基本要领吗？ （1）能完全说出　（2）基本能说　（3）能说出一部分　（4）不能	□
2. 用力急击球 10 次，能打中几次？ （1）10 次　（2）8 次　（3）6 次　（4）0	□
3. 通过本节课的学习，正确地掌握了击球的技术吗？ （1）完全掌握　（2）基本掌握　（3）没太掌握　（4）没掌握	□
4. 今天的课感觉很累吗？ （1）非常累　（2）很累　（3）有点累　（4）不累	□
5. 在学习过程中击球后的感觉怎样？ （1）感觉非常好　（2）感觉一般　（3）有点感觉　（4）没有感觉	□
6. 今天的体育课感觉快乐吗？ （1）非常快乐　（2）一般　（3）有一点快乐　（4）没有感觉	□
7. 学习过程中能够与同伴很好地协作吗？ （1）完全能够　（2）一般　（3）勉强　（4）不能	□
下节课要在哪方面再努力？	
教师的话：	

二、看课中记录并分析教学语言

（一）教学语言记录

【开始部分】

师：同学们好！

生：老师好！

师：好，稍息！大家都看到了，咱们今天场地上摆了这么多的T座，一共8个，这T座咱们不陌生吧？

生：不陌生。

师：T座曾经见过，但真正用起来，今天是第一次。（举起左手，同时向上伸出食指，然后，举起两手，同时举起手中拿的棒）大家都知道，手里的棒子是干什么用的吗？

生：打球。

师：打球。棒球也是棒子，软垒也是棒子，都是打球，有什么区别呢？（等待学生回答，但学生没有回答出来，老师点一下头，然后说）不知道，棒球呢，是打运行中的球。而软垒呢，有T座，把球固定上去，放上去，打固定的球，难度是不是降低了？

生：是。

师：更简单，更容易打到球。

（这时，老师走到一个放有垒球的T座前，准备给学生做示范，上课1分钟的时候）

（老师做了一个非常漂亮的击打定位球的动作示范）

生：哇哦！（学生齐声发出惊叹之声，并不由自主地为老师鼓起了掌）

师：（走到学生面前说）想不想比老师打得更好？

生：（齐声回答）想！

师：想不想跟着老师学？

生：想！

师：好，立正。放棒。（这时师生共同把棒放在各自的脚前）

【准备部分】

师：全体都有，向右转。（1分20秒）好，女生，跑步走。（老师带领女生开始向前跑动）1–2–1、1–2–1、1–2–1，男生跟上。

师：（吹哨）嘟–嘟–嘟、嘟–嘟–嘟、嘟–嘟–嘟、嘟–嘟–嘟、嘟–嘟–嘟、嘟–嘟–嘟、嘟–嘟–嘟、嘟–嘟–嘟、嘟–嘟–嘟、嘟–嘟–嘟。

师：1。

生：嗨嗨。

师：2。

生：嗨嗨。

师：3。

生：嗨嗨。

师：4。

生：嗨嗨。

师：1。

生：嗨。

师：2。

生：嗨。

师：3。

生：嗨。

师：4。

生：嗨。

师：1–2–3–4。

生：嗨–嗨–嗨–嗨。

师：（吹哨）嘟–嘟–嘟、嘟–嘟–嘟、嘟–嘟–嘟、嘟–嘟–嘟、嘟–嘟–嘟、嘟–嘟–嘟、嘟–嘟–嘟、嘟–嘟–嘟、嘟–嘟–嘟、嘟–嘟–嘟。

（停止吹哨，师生静静地跑着，没有口令和哨声）

师：（吹哨）嘟–嘟–嘟、嘟–嘟–嘟、嘟–嘟–嘟、嘟–嘟–嘟、嘟–嘟–嘟、嘟–嘟–嘟、嘟–嘟–嘟。

（吹着哨声跑一会儿以后，师生又开始交替喊口令）

师：1。

生：嗨嗨。

师：2。

生：嗨嗨。

师：3。

生：嗨嗨。

师：4。

生：嗨嗨。

师：1。

生：嗨。

师：2。

生：嗨。

师：3。

生：嗨。

师：4。

生：嗨。

师：1–2–3–4。

生：嗨–嗨–嗨–嗨。

师：（吹哨）嘟–嘟–嘟、嘟–嘟–嘟、嘟–嘟–嘟、嘟–嘟–嘟、嘟–嘟–嘟、嘟–嘟–嘟、嘟–嘟–嘟。

（又一次静静地跑着，没有口令和哨声）

师：（吹哨）嘟–嘟–嘟、嘟–嘟–嘟、嘟–嘟–嘟、嘟–嘟–嘟、嘟–嘟–嘟、嘟–嘟–嘟。

（再次静静地跑着，没有口令和哨声）

师：（吹哨）嘟–嘟–嘟、嘟–嘟–嘟、嘟–嘟–嘟、嘟–嘟–嘟。

（吹着哨声跑一会儿以后，师生又开始交替喊口令）

师：1。

生：嗨嗨。

师：2。

生：嗨嗨。

师：3。

生：嗨嗨。

师：4。

生：嗨嗨。

师：1。

生：嗨。

师：2。

生：嗨。

师：3。

生：嗨。

师：4。

生：嗨。

师：1–2–3–4。

生：嗨–嗨–嗨–嗨。

师：好，左转弯（于是，学生左转弯跑过来），立定！（3 分 51 秒）

师：全体都有，向左转（全体学生转向老师），稍息！下面呢，大家都看到了，把棒子拿起来（学生都把身边的球棒拿到手上）。（4 分 8 秒）

师：立正！以中间同学为基准，持棒两臂侧平举，向中看——齐！（学生每个人右手持棒，快速做了侧平举动作）向前看！（同时，学生把侧平举的手都放下）全体都有，以前排同学为基准，持棒前平举，向前看——齐！（学生都是右手持棒，以前排同学为基准，做起了向前看齐的动作）抓紧时间调整自己的位置，向前看！

师：好，下面跟着老师来做，两脚开立，（4 分 50 秒）与肩同宽，右手持棒，左手持棒头，向上伸展，好，仰头，头尽量向后，好，向左，感觉到体侧有抻拉的感觉，好，向右，好，还原。

两腿开立，向前体前屈，用力向前推出去，我看谁做得平啊，用力向前推，好，还原。

下面还是两脚开立，与肩同宽，跟着我做，用你的眼睛看你右侧的脚跟，好，反方向，好，停，还原。

现在两脚并拢，伸直啊，在这个时候，腿不要弯曲，（同时，老师用棒敲打一下自己的膝盖）好的，把棒子放身后，放过来，向下，好，放到最下面，能贴到脚跟的尽量贴到脚跟，贴不到脚跟的贴到脚踝，好，向上，慢慢地向上，慢慢地向上，慢慢地向上，抬、抬，好，身体呢，成了 90°之后，就不要动了，然后，手继续往上走，好，手继续往上走，看谁的胳膊抬得最高，好，尽量往上走，好，慢慢地往下走，缓慢地往下，向下，对，感觉到大腿后侧有抻拉的感觉，回到脚踝、脚跟，好，还原。

好，现在呢，把我们的棒拿出来，用我们的右手持棒，放在地上，左手呢，扳着咱们的左腿（同时，老师做起了镜面示范），左脚的脚面，向后拉，感觉到大腿前侧韧带有抻拉的感觉，好，把你的膝盖向你的左上方抬起，抬平 90°，甚至更大的角度，对，还原。

好，两手交换，换异侧腿，继续抻拉，好，大腿外展，膝盖，向右上方抬起来，好，停。下面用你的右手持棒，跟着我做，右手持棒，尽量向右（老师做的动作是左手持棒，右手放于左手肘关节内伸直；学生跟着老师的动作做相反手臂的持棒动作，发现有个别学生把没有持棒的手放在了肘关节下面，其原因是老师没有交代两个手臂如何交叉放位），向右压。换手，反方向，用力抻拉，感觉到大臂外侧有抻拉的感觉（这时候，需要老师做一个背面示范，让学生做对扭转方向最好），好，停。

现在呢，依然是右手持棒，从你的头上方放下来，用你的左手在后面慢慢地向后拉，（拉几秒钟以后）好，交换，这时候，把你的左手放过去，右手向后拉，用力，好，停。依然是右手持棒，咱们现在，放松、放松，让你的棒子前后摆动起来，对，摆动起来，摆起来，好的，现在向后转，好，转起来，我看哪一个做得最好，让你的手腕活动起来。好，向前，（观察几秒钟以后）转起来，转起来，好，交换，依然让它上下摆动起来，对，好，向后转，好，向前，停。（11 分）

【基本部分】

师：现在，咱们两脚开立，双手握棒，以右手右打为例，如果你是左手的话，左打的同学，动作是相反的。右打的同学，左手放在下，右手在上，把两手胸前平举，好，收回来，向后压，然后向下，回来，向下，好，跟着我做，好，咱们越来越快啊，快了之后，好用力向下压，好，立住不要动，好，现在，向左，对，向右，左、右、左、右、左、右，好，快一点，好，停。好，放松。

师：好，全体都有，稍息。（12 分 18 秒）咱们还按刚才的握棒姿势，其实，已经跟咱们正规的准备姿势有点类似了，握棒呢，用咱们的指根贴着棒子，五指并拢，两只手呢，靠在一起，不要太紧，两只手的手指的第二关节处，与棒子是一条线，一条直线，好，自己做一下。下面呢，准备姿势，记住三点一线，好，两腿微屈，脚尖指向前方，上体呢，采用咱们打雨伞的方式拿棒子，很放松，很轻松地把棒子拿起来，好，放在咱们的右腿上，右手呢，在上高于你的肩，或者平于你的肩，都可以，好，看到没有，膝盖、脚尖、手是落在一条直线上的，腰呢，挺起来，微含胸，不要罗锅。架起来，放松，两肩放松。眼睛呢，看向咱们侧面，往侧前方去看，对，与棒子的方向相反，好，摆出来，膝盖微屈，好，还原。

好，做一下侧面的，大家看一看。（14 分 19 秒）两腿微屈，棒子呢，像打雨伞那样轻轻地拿起来，三点一线，手、膝盖、脚，眼睛看向棒子的相反方向，好的。

好，准备姿势，注意咱们的手指的第二关节处，是和棒子在一条线上，两手握紧，两手相靠，膝盖微屈，三点一线，眼睛看向棒子的另一侧，好，停。（学生模仿练习）做得很不错啊。好，准备，好了，继续往下走，好，现在，你的左脚呢，往回收，身体稍向后移，这个时候的感觉呢，感觉现在所有的压力都压在你持棒的这条腿上了，感受一下，是不是？

生：（齐声回答）是。

师：好的，现在，还是这种感觉，落地，这时候感觉哪只脚有压迫感？

生：（齐声回答）右脚。

师：还是右脚，对吧。右脚的前脚掌，落地之后呢，把棒子顺势挥击出去，转体挥击，转体挥击，好，还原。好的，准备，三点一线，手指第二关节处，好，引棒，好，感觉到，感觉到没有，右腿，右脚有压迫感，好，落地，挥棒。好的，停住，停住（这个时候，有个别学生没有停住）停住，（老师巡回指导）两腿夹紧，保证你身体的稳定性，好的，还原。好，听我吹哨咱们做啊，嘟（学生按照老师的哨声一起做动作），嘟（老师又吹了一声，学生有的动一动，有的一动不动，但是，不知道老师这个哨声是让动还是不让动的），嘟（老师又吹一次以后，学生都一起挥击一次），嘟嘟，好，（学生还原到站立姿势）还原，再来一遍，嘟，手腕放松，手腕放松，好，这两位女生做得不错，两个手要靠在一起，这个女生做得不错，这个女生也做得不错，嘟，引棒，感觉，感觉一下你的脚掌，嘟，（学生做了一次挥击）对，挥击。看有谁慌了身体，嘟嘟嘟（学生又一次还原到站立姿势）。（18 分 2 秒）

咱们这次快一点啊，嘟、嘟、嘟（学生跟着哨声完成了准备姿势、引棒、挥击三个动作）。嘟嘟（学生又一次还原）。嘟、嘟、嘟（学生跟着哨声完成了准备姿势、引棒、挥击三个动作）。嘟嘟（学生又一次还原）。

好，稍息！（18 分 23 秒）立正！以中间为基准，呈密集队形，向中看齐！向前看！稍息！好，前两排同学，蹲下。（18 分 40 秒）

（老师拿一个 T 座，放在学生面前，靠中间一点，准备给大家示范）

下面呢，咱们开始做击球练习，T 座击球练习，咱们呢，T 座击球练习大家都看到了，这是平的，尖儿在后面（同时，老师用棒指着T座的下面），尖儿指的是什么呢？原来讲过。

生：场外。

师：对，界外。界外区域，当然了，咱们是要往场内打球，对不对？

生：对。

师：所以，侧面对着它，然后呢，用咱们的脚尖，深踏的那只脚，左脚，以右打为例，左手左打呢，则相反。左脚的脚尖对着T座，对着球，好，大概距离呢，一棒的距离，或者自己调整，你自己调整到最舒服击球为宜。做准备姿势，深踏，挥击，开始打的时候，咱们主要把这几个步骤做到，轻轻地打出去，不要用力，轻打，轻打，轻轻地把棒子送出去，做出动作来，把棒子挥平，挥稳，把球打出去就可以，不要发力，每个人三次，之后呢，再做三次，发力，用60%的力量，打球，最后咱们在合组，全力，大力打球。

好的，现在，起立！每组三个球，一会儿，分组之后，拿球去练习，好，分组练习。

生：（齐声回应）是。（20分47秒）

（学生三个人一组，拿三个球，各自到分配好的场地上）

师：好，注意，先轻打，轻打。

（学生们站好，并开始打球）

师：对，轻打，先轻打。

（老师巡回指导）

师：你的这个T座的位置，咱们这个目标是这个垒包，知道吧。

一位学生：嗨。

师：（走到一组指导）他打球的时候，一定要注意，站在这个位置。站到这儿。

师：（走到一组女生组）手什么样的？手？慢慢来，轻打。（老师看到一名女生仅仅是把球打到T座下面了）

师：不要发力，对，每个人三次，然后交换。他打球的时候，你站这边，轻轻地打，把动作做出来，好，不错，很好，好，不错，很好，站位站位，怎么站的？脚尖对着哪？轻击，把动作做完全，完整啊，不要做了一半不动了，把棒子挥出去，对，轻击，把动作做完整。不是让你停在那儿。轻击，把动作做出来，把球打出去就可以，对，做出来，动作做出来，身体不要歪（老师看到一名女生打球的时候身体向一侧歪了）。不要歪，注意距离，你们要想，刚才老师给你们讲过的几点要求，咱们在做的时候的几点要求，好球。注意回传球啊，注意回传球，看着点，看着点，你打球的时候，一定要注意，捡球也一样，他抛过来的球，往这边走，知道吧，往这边抛。抛给他，你不要到这边来捡，这样会很危险，很危险。（23 分 46 秒）（这时，老师发现一组学生练习的时候捡球和打球的动作很危险，于是集中讲解安全问题）

师：（吹哨）嘟嘟嘟嘟。

（学生都集中到老师这边）

师：不知道大家刚才有没有注意到，有一个同学在这里打击，挥棒打击，然后呢，旁边是不是有一个接球的同学？

生：是。

师：刚才这个接球的同学跑到这儿来了，为什么？传球的同学把球传到这儿，他就等着打击，如果说在这个过程中，他没有看到同学去捡球，想想，会不会打到他？

生：会。

师：是不是很危险？

生：是。

师：所以，一定要注意，T 座，接球的人离 T 座一定要 2 米以外，2 米以外接球，所有接球员回传给他的时候，这个人站在 2 米以外，然后，挥击完了以后，继续打击，明白了吗？

生：明白了。

师：好，继续练习。

生：好！（24 分 50 秒）

（学生到练习场地继续练习，老师巡回指导）

师：好，把动作做完整，做完整，好的，好球。每个人轻击三次。握棒握棒，注意你的握棒姿势。动作做完整，引棒，深踏、挥击。注意你的手型啊，（老师手把手地教学生手型）好，继续，先轻打，然后逐渐地发力，在第二次、第三次打球的时候，注意稍微加力。

（老师观察学生的动作以后，准备集合）

师：（吹哨）好，大家集中一下，我刚才看了一下，有一个同学打击，出现一个问题，什么问题呀，打击的时候，为什么打不着球（边说，边做打不着球的动作）。一打，上去了，为什么？（26分36秒）

（个别学生回答：不行）

师：他的重心移到了前脚上，刚才一直说了，重心放在后脚上，对不对？

生：对。

师：对，打时放在前脚上了，眼睛呢，还有一个错误，眼睛没有跟球，（老师做一个挥不到球、眼睛不看球的动作）这样能打到球吗？

生：（边笑边说）不能。

师：身体坐住，重心三点一线，眼睛呢，始终盯着球，打出去，是吧？

生：是。

师：刚才呢，我看到有一位同学，做得非常好，（指着刚才做得非常好的学生）这位同学，来，给大家示范一下，这几个同学准备发球，来，往后撤一撤，看一看，距离，距离，（这个学生做一次示范，将球打出）看他的动作，中球，还是比较稳。下面继续分组练习。

生：（欢呼着）好！（27分40秒）

（各自跑到自己的练习场地，再一次练习起来，老师巡回指导）

师：注意身体的重心放在后腿上，不要左右移动，不要前后移动重心。好球，注意交换，防守与进攻对手要交换。好，手型，手型怎么样，两手靠近。

师：嘟嘟嘟。好，合成大组（男生合成两个大组，女生合成两个大组），球和棒，球和棒。（提示学生把球和棒放好）球棒，T座。注意调整一下咱们T座的位置啊，注意咱们的T座指向场内。两个人打，其他人上场防守，可以发力，可以发力。用80%的力量，用80%的力量用力打，体会击球的动作，体会击到球的感觉。全力跑，好球，每个人都要上场打击，知道吗？

一位学生：下一个。

师：好，快，跑起来。注意距离，注意距离，可以发力打球，好球，出局。注意发力顺序啊，注意发力顺序，好，定稳球，不着急。不着急，好，走走走走，快，跑跑跑，跑向一垒。快，等着你呢，好的，快点，全力跑向一垒。好，下面注意防守，好球，快快，跑步捡球，快一点，快一点，快一点，跑起来，好球。快快快，全力跑向一垒。注意动作，要发力，注意你的动作。好，直接接杀，好球。好球，快快快快快，快快快，跑向一垒。动起来，动起来，要往哪跑，注意，（看到一个学生没有打住球）击准球，好球。

（老师吹哨，32分33秒）

师：好，咱们这边场地集合。跑步跑步（老师边说，边做起了快速摆臂动作，提示学生跑步集合）下面呢，咱们都已经做过练习了，下面，咱们分组对抗，男生这里，传杀一垒，女生这里，举手杀。每队派一个队长，每队排头的吧。（石头剪子布，老师做出了手势）谁赢了，谁先攻，输了去防守。好不好？

生：好！（33分18秒）

师：一局啊，一局定胜负。开始。

生：好！（石头剪子布定攻守方）

师：好，我们下面开始互相行礼。（老师伸出胳膊，两掌心相对，打出手势，让双方互相行礼）

（女生两组分别见面握手，男生两组也如此）

师：好，回到原位。准备，比赛！（33分37秒）

（学生布置本方的防守阵容）

生：啊哦！

师：注意球，注意棒子，后面排队的也要注意距离，往后走。注意距离，全力冲向一垒啊。好，好球。

生：跑跑，快快。

师：好球、好球、好球。下面咱们增加点难度啊，在那站，在那站好就行，好的。

生：直接跑，直接跑。

师：快快快。3 垒。好，注意后面人，后面人，注意啊，好，快快快快，快快快快，快。3 垒。（一名男生又打击一个球，跑出）2 垒。注意啊，不要扔棒，不要扔棒。好的，攻守交换一下。好，组织一下，组织一下，上场防守，组织一下。（35 分 24 秒）

（学生交换了攻防以后，集体商议布局）

师：谁先打击，后面的人注意安全距离啊。好，快呀，交换攻守。

生：1、2、3，加油。

师：3 垒。

生：（有的同学大喊）3 垒。

师：注意，不要扔棒，大家都注意啊，注意不要扔棒。3 垒。好球。快快，给他们加油啊。

生：加油！加油！加油！

师：2 垒。

生：加油！加油！加油！好球、好球。

师：好球，跑起来。不管打到什么样的球，都要全力冲刺。注意距离啊。

师：好，收一下，把这些东西收到一起。（37 分 50 秒）准备，准备放松啊。

（虽然听到老师要求要收这些器材了，但是有的学生依然继续跑垒，边跑边欢呼）

师：最后一个人了，是吗？时间到了。

生：出界了。

师：咱们现在打，是自由式规则，没有界啊。(同时两手交叉比画着)

【结束部分】

师：(吹哨) 好，集合。(38 分 31 秒) 快，跑过来集合，还是那个位置。好，互相行礼。(男生与男生、女生与女生每一组互相握手行礼) 好，现在咱们放松，放松走向圆，走成一个圆。放松走过来，放松走过来，放松走成圆，放松，放松走。好了，放松走，放松走，好的，放松走，放松走，好，放松走，放松走，好，立定。好，现在面向我这儿。

(放松活动开始) (39 分 20 秒)

师：所有人，先坐下，咱们坐的时候，感觉腿怎么样最舒服？

生：趴着。

师：是不是分开了舒服？好，现在，把腿分开，平放在地上，好的，躺下。

(学生边发出声音，边躺下)

师：好的，两手在胸前交叉，放到你的胸前，两手交叉，好，两腿分开，闭上你们的眼睛，闭上你的眼睛，好，躺下去。慢慢地抬起你们的膝盖，好的，全脚掌着地，两腿微微地分开。现在从头开始放松，两眼在你的眼窝里，有上浮的感觉，感受一下上浮，想想你的眼球在你的眼窝里面，不停地上浮，放松，好的，放松，感受你的呼吸，一呼一吸，现在把你的注意力集中在你的嘴里、鼻腔、呼吸道，去感受空气在你的体内，一进一出。全身放松，你的背部，感受一下你的背部重力，贴到地面上，脚掌。越来越平缓地呼吸，没睡着吧？

生：(齐声回答) 没有。

师：好，坐起来。(41 分 39 秒)

生：(有的学生) 啊！

师：现在，自己抖抖胳膊，拍拍腿，拍拍你的大腿，在地上拍拍你的大腿。再两腿分开，然后，小腿，自己揉一揉，捏一捏，好，起立。起立！现在，身体前屈，体前屈，两手充分放松，自然下垂，好，抖动一下，伸臂，

充分地放松，好，停。(42 分 26 秒)

师：好的，全体都有，向右转，这排女生，从这儿开始走，好，放松跟我来，好，跟我来，后面跟上，放松过来，每人一个写字板，坐下写东西，好，自己随便找地儿（同时，伸出双臂，向前指，表示让学生随便找地方），坐下来填写。(42 分 49 秒，自评环节)

(每个学生拿一个写字板，坐下来进行自我评价，评价表上写着“软式垒球学习记录”。学生从拿到写字板开始写 43 分 10 秒，到 44 分 4 秒，全部填写完，并站好了队)

师：填完的同学，把写字板放在原位，过来站好队，想一想，自己想一想，自己哪方面应该努力啊？打击啊，传球防守啊（学生在填写过程中，提示语)，写完为止，好，站好队。好，向右看齐！向前看！（44 分 9 秒）稍息，简单地对咱们今天的学习，做一个评价，很多同学，学得很快，球，打得也很好，突出的，在那个场地的几名女生（边说，并用手指一指那个场地）打得非常好，还有几个男生，打的球也很刁钻，很有力。记住咱们这节课的动作分几步啊？

生：三步。

师：都有什么啊？

(学生把今天所学的三步一一说了出来)

师：很好，咱们下一节课的努力方向你们刚才也都自己写了，是不是啊？

生：是。

师：希望这节课，不仅让你们喜欢上这项运动，而且希望能够让你们都感受到这项运动的乐趣，好的，咱们这节课就到这儿，一会儿大家一起把器材收回去，立正！(老师用左手把头上的帽子摘下来）好，下课！(边说，边向学生鞠躬)

生：(也像老师那样，摘下头上的帽子，向老师鞠躬）老师再见！

（二）教学语言分析

在看课的过程中，笔者详细记录了教学中师生教与学的所有语言，从文字量上来看，达 8000 余字，其中包括开始部分的教学语言、准备部分的教学语言、基本部分的教学语言和结束部分的教学语言。该评优课的教学语言表现出如下特点。

1. 讲解组织语言“清晰”

从对语言的分析来看，在很多教学环节，教师讲解动作要领的语言和组织教学的语言都比较清晰，容易让学生了解和掌握动作概念、要领以及动作方法。如教师在比较棒球和软式垒球的区别的时候说，棒球是打运行中的球，而软垒有 T 座，把球固定上去，打固定的球，难度降低了。这样的讲解，学生一听就能够掌握二者的区别。

另外，教学生击球站位动作的时候，提出“三点一线”，而且，进一步指出是手、膝盖、脚在一条直线上。这样的讲解既清晰，又容易被记住，因此，这些都属于有效的教学语言。

2. 安全防范语言“具体”

在教学过程中，教师发现了有安全隐患的存在，立刻将学生组织起来，教师既没有不管不问，也没有像一般教师那样只说“注意安全”或“一定要注意安全”，而是指出了当一个人在准备挥棒击球的时候，有人在距离很近的地方捡球存在危险性，并提出要求站在 2 米以外的位置接球，确保挥击不到人。

又如，教师调整持棒练习队形的时候，为了能够确保每人持棒做动作时打不到同伴，于是发出了这样的口令：“以中间同学为基准，持棒两臂侧平举，向中看——齐！向前看！全体都有，以前排同学为基准，持棒前平举，向前看——齐！抓紧时间调整自己的位置，向前看!”其中“持棒两臂侧平举”和“持棒前平举”都能够确保前后、左右间隔有足够大的空间。这样的队形能够确保练习的安全性。

3. 肢体与口头语言“协同”

从看课过程中我们发现，有很多地方，教师在讲解或在组织教学某一环节的时候，既听到了教师的口头语言，同时又看到了手势等肢体语言同步出现，强化了语言的作用。如教师说“T座曾经见过，但真正用起来，今天是第一次”，同时，我们看到了，教师举起左手，并伸出了食指表示“1”的动作，强化了“第一次”的概念；又如，教师讲膝盖不能弯曲的同时，用棒轻轻敲打一下自己的膝盖，强化了不能弯曲的位置；再如，当组织学生进行教学比赛前，教师说，下面开始互相行礼，同时，我们看到，教师抬起两臂，两掌心相对，打出了两手相对靠近的手势，让双方互相行礼等。

4. 棒操等指导语言“详细”

在课的准备部分，教师带领学生做准备活动，教师的指导语言非常详细，学生听了基本上都能够把动作做到位。如教师边做边说：“下面跟着老师来做，两脚开立，与肩同宽，右手持棒，左手持棒头，向上伸展，好，仰头，头尽量向后，好，向左，感觉到体侧有抻拉的感觉，好，向右，好，还原。”诸如两只手如何握住两端、体侧有抻拉的感觉等都很详细。学生听了以后基本上都能明白，而且很快能够模仿教师完成动作。

又如，教师做示范的时候，不但以右手右打为例，而且还讲明左手左打的学生，应该如何做。如在课的基本部分一开始，教师在讲解示范的时候说：“现在，咱们两脚开立，双手握棒，以右手右打为例，如果你是左手的话，左打的同学，动作是相反的。右打的同学，左手放在下，右手在上，把两手胸前平举，好，收回来，向后压，然后向下，回来，向下，好，跟着我做，好，咱们越来越快啊，快了之后，好用力向下压，好，立住不要动，好，现在，向左，对，向右，左、右、左、右、左、右，好，快一点，好，停。好，放松。”这一番语言，既能让右手右打的学生顺利完成动作，还能够让左手左打的学生明白动作的方法，因为教师的指导语言相当详细和具体。

除此之外，我们通过看该课，还有很多启发，一是任课教师非常标准、漂亮的示范，让学生产生跃跃欲试的感觉。我们听到了教师做完示范以后学生响亮的掌声，还能够听到教师问：“想不想比老师打得更好？”学生们齐声回答：“想！”教师又问：“想不想跟着老师学？”学生们洪亮的声音回答：“想！”两个“想”字足以感受到学生强烈的学习动机和兴趣。由此可以看出，教师具有高超的专业技能，尤其掌握熟练的运动技能是多么重要。二是课堂规范有效的组织。从这节课的整体设计和课堂组织来看，没有发现非常明显的或严重的错误，课上各环节的安排比较流畅，过渡也很自然，教学方法和手段的运用比较有效，充分调动了学生学习的积极性。任课教师还在课的基本部分后期安排了让人人都有参与机会的教学比赛，课堂规范有效的组织给大家提供了很好的学习范式，说明教师具有较高的教育教学能力十分重要。该课不仅仅表现在教学语言的突出特点上，还有有效的教法和明确的学法指导，同时，教师对课上的安全隐患又采取了有效的防范措施，这是一节具有观摩学习价值的优质课。

出 版 人　所广一
项目统筹　杨　巍
责任编辑　杨　巍
版式设计　徐丛巍　杨玲玲
责任校对　贾静芳
责任印制　叶小峰

图书在版编目(CIP)数据

看课的门道/于素梅著 .—北京：教育科学出版社，2014.11(2022.3 重印)
(体育教师专业发展丛书)
ISBN 978-7-5041-9177-9

Ⅰ.①看…　Ⅱ.①于…　Ⅲ.①体育课—课堂教学—教学研究—中小学　Ⅳ.①G633.962

中国版本图书馆 CIP 数据核字(2014)第 275766 号

体育教师专业发展丛书
看课的门道
KAN KE DE MENDAO

出版发行	教育科学出版社		
社　　址	北京·朝阳区安慧北里安园甲 9 号	**市场部电话**	010-64989009
邮　　编	100101	**编辑部电话**	010-64981265
传　　真	010-64891796	**网　　址**	http://www.esph.com.cn
经　　销	各地新华书店		
制　　作	北京金奥都图文制作中心		
印　　刷	保定市中画美凯印刷有限公司		
开　　本	720 毫米×1020 毫米　1/16	**版　　次**	2014 年 11 月第 1 版
印　　张	16	**印　　次**	2022 年 3 月第 10 次印刷
字　　数	200 千	**定　　价**	35.00 元